地产营销力 3

房地产营销中的自然教育和陪伴教育

房地产行业培训

地产精英培训系列

范世兴◎著

中国经济出版社
CHINA ECONOMIC PUBLISHING HOUSE
·北京·

图书在版编目（CIP）数据

地产营销力. 3，房地产营销中的自然教育和陪伴教育 / 范世兴著. -- 北京 ：中国经济出版社，2025. 8.
ISBN 978-7-5136-8305-0

Ⅰ. F293.352

中国国家版本馆 CIP 数据核字第 202569EL63 号

责任编辑 焦晓云
责任印制 李 伟
封面设计 任燕飞

出版发行 中国经济出版社
印 刷 者 北京科信印刷有限公司
经 销 者 各地新华书店
开 本 710mm × 1000mm 1/16
印 张 12.5
字 数 203 千字
版 次 2025 年 8 月第 1 版
印 次 2025 年 8 月第 1 次
定 价 88.00 元
广告经营许可证 京西工商广字第 8179 号

中国经济出版社 **网址** http://epc.sinopec.com/epc/ **社址** 北京市东城区安定门外大街 58 号 **邮编** 100011
本版图书如存在印装质量问题，请与本社销售中心联系调换（联系电话：010-57512564）

推荐序 1 | FOREWORD 1
地产营销的场景和价值观

我是一名曾在北京万科工作 7 年的销售和客研。在这里，我想聊一聊对两个词的感受——场景和价值观。

咱们先聊一聊场景的魅力。

前段时间我补看了小米 YU7 的发布会。是的，很神奇，我是一个从来没有过买车计划的人，竟然关注了这场汽车发布会。没有其他原因，就是好奇开售 3 分钟直接大定突破 20 万辆究竟是如何做到的。

看完发布会，我被雷总的演讲深深打动了。我并没有记下太多关于车子性能的参数，因为作为一个非严格意义上的理科生，我很难弄清楚那些参数背后的意义，但却有那么几个瞬间，我产生了买这台车的冲动。比如：当雷总讲到，后排座椅下面，有可以放下小朋友玩具的抽屉，我想到以后如果我结婚有了孩子，后排就可以是孩子和爱人的游戏空间，让坐车不再无聊；当雷总讲到，为了给到全车更好的防晒而做的双层镀银 1.7m^2 天幕玻璃，38℃暴晒 1.5 小时，比友商的物理遮阳帘更隔热，这样孩子在后排睡觉的时候，就避免了光线直射……

我突然想到，收纳、遮阳、后排娱乐屏等的功能，难道友商没有吗？友商当然也有，但如何把大家都有的功能，讲解到让客户心动，让客户觉得“你懂我，这就是我想要的”，这就要配合场景的营造。

把场景研究得多深，决定了客户对产品价值可以理解得多透。现在的客户，既理性又感性，订个外卖都可能要多方比价，更何况几十万的大宗消费？但我相信，越是大宗消费，其实越是感性主导的，尤其现在是“她经济”的时代，女性在家庭消费的决策链里，占据了越来越关键的位置。所以，如何打动女性用户的喜好，甚至是打动一家人共同的喜好，真的特别重要！

发布会结束后，我忘记了零百加速是多少，也忘记了充电速度是多少。但是，那些打动人心的生活场景，我一直记在心中，它们也成为我对买车这件事最深的向往。

我想，这就是场景的魅力。

再来说说价值观的魅力。如果说以上的场景营造，已经创造了足够的峰值体验，那么最终让用户下定决心购买的终值体验在哪里呢？我觉得是在雷总最后两分钟的结束语里。

伴随着宛转悠扬的钢琴曲，雷总娓娓道来："最后呢我还想讲一句，YU7 是为谁设计的。YU7 是为那些无法容忍平庸的人设计的，是为那些始终走在时代前列的人设计的，也是为那些双肩扛着责任、内心仍有远方的人设计的，就是那些清晨送孩子上学，顺便给自己买束花的妈妈们，那些周末带着全家去露营，也在后备箱里为自己留一条钓具的爸爸们，那些在柴米油盐的烟火气中，内心仍有星辰大海的人……小米 YU7 就是小米的工程师们写给所有热爱生活的人，一封最深情、最硬核的情书！"

听到这里，我其实已经有些哽咽了——啊，这是我吗？

试想一下，如果您是一个正在计划买车的人，在听了雷总真诚又充满情感的这段结尾，是不是有那么一瞬间，也会感到心底被触动——啊，舞台上的那个人，在描述的那个热爱生活的人，是我吗？可以是我吗？曾经我也是这样的人啊，但出发了这么久，我好像都快要忘记自己的理想是什么了……谢谢你 YU7，你让我知道了，原来我也是那个即使在平凡的日子里脚踩泥泞，但依然可以仰望星空的人。

这就是小米汽车价值观的体现。无论你是不是这样的人，当你拥有了它，你就成为了这样的人。所以，如果未来有一天我有买车的需求，在预算允许的情况下，我会毫不犹豫地去买小米。无他，只是觉得它懂我。

花了这么多的篇幅去讲 YU7 的成功，其实是想说，车辆作为几十万级别的标的，在营销上都要好好思考一番场景的打造和价值观的塑造，更何况一套价值百万、几百万，甚至几千万的住宅？这是一个家庭一生中最低频却最重要的消费，作为房地产从业者的我们，是否在这方面投入了足够多的思考呢？

现实情况是，现在很多楼盘的营销已经无法给客户提供这样的情绪价值了。当领导们带着销售们都在卷说辞、卷如何更有力地“打击”竞品，似乎忘了客户关心的也许不是工艺工法有多强（自己项目有的其他项目也会有）、赠送的家电品牌到底多高端（甚至客户会觉得品牌是很好，但也要我花钱买呀）……这些理性的数据，销售全背下来并且通过考核都需要几天的时间，更何况接待客户的短短 1 小时，客户能记住多少，又能回去给家人传递多少?

那客户关心什么? 客户会关心买了这个房子，能否解决我当下的痛点，能否让家人的生活更温馨，甚至这个项目能否给我创造出意想不到的惊喜。

非常非常开心，在范老师的“地产营销力”系列的三本书里，都展示了如何从营销端挖掘产品力，并且根据客户的痛点和需求，深入解读生活场景的价值，为客户创造一个又一个惊喜。即使在产品已经定型、周边不利因素环伺、无法改变外在条件的前提下，依然可以通过“对内求”的方式，对场景进行营造，对价值观进行塑造，并且通过科学的方法，高效地向客户传递这些信息，从而实现楼盘的解题。这种跟随着主人公视角，经历启程、考验，最终成功归来的感觉特别爽，让人翻开书本就欲罢不能。

在范老师的《地产营销力 3》里，同样着重提到了“价值观”。如果之前做项目没有想到过价值观，可能会觉得这个词有些难以捉摸，但不用担心，本书有明确的实操过程，可以教会读者如何提炼价值观。客户对项目的最大认同，其实就是价值观的认同客户认可了项目，也认可了自己，物即是我，客户把自己和项目放在了同样高度的位置上，这才是最跳出与竞品之间红海竞争的最佳方式。

好在房地产具有唯一性，因为区位、板块、产品三者结合在一起，决定了一个项目不可再生。所以，价值观的思考，就是在这三者都唯一的前提下，我们到底想给客户提供或者创造一种什么样的生活期待。

以书中提到的大河桃源项目为例，它讲的是自然教育，灵感来源于项目周边有一条河流，以及楼栋排布方式形成的大中庭景观。相信同类型的项目应该不少，很多营销人都停留在“家在公园里”的包装上，但范老师是怎么把这些上升到价值观层面的呢?

范老师想到了“手机依赖症”带来的“自然缺失症”。现在短视频盛行，很多孩子从小就沉迷于电子产品，尤其是 15 岁之前的孩子，因为长时间刷短视频，导致大脑结构被改变，从小就注意力无法集中，以至于最后连一篇 5000 字以上的长文章都没有耐心读完。如果把这个讲给父母听，父母肯定会感同身受，这就是戳中了客户的痛点。

那么，如何解决呢？亲近大自然，就是最好的方式。因为人天性就是向往自然的。与其没收手机，不如全家一起出去，在河边走一走，在社区的庭院里逛一逛，让孩子和大人都从那块窄窄的手机屏幕里解脱出来，进入自然的场景，进而发现更多生活的美好。

所以，你看大河桃源项目解决了什么问题呢？项目的主力客群，是周边工厂的上班族，他们忙着上班，缺乏对孩子成长的参与。这个项目弥补了父母对孩子陪伴的缺失，同时包含着对未来孩子友好成长的期待。售楼部场景化的展示，让来看房的客户意识到，手机等电子产品正在影响孩子的身体健康、学习能力、社交能力，甚至亲子关系。然后给出楼盘的解决方案，把买大河桃源这个项目，上升到了父母对孩子的爱的高度——客户会觉得买了大河桃源，将来可以有更多的空间去陪伴孩子，这样自己就是特别称职的父母。

即使客户因为各种原因暂时没有购买，他在接下来看房的过程中，可能也会问友商的销售，你们项目有没有自然教育的空间？所以，找到那个正确甚至是项目独有的价值观，让它根植于客户心中，成为看房路上的一把尺子，或许也可以让楼盘立于不败之地。

如果客户还没到有孩子的阶段怎么办？那没关系呀，其实楼盘和客户是双向奔赴，并不是客户单方向选择楼盘，况且，即使客户现在没有这个需求，将来当父母了，肯定要面对这些问题吧。你比客户更早地想到了这些问题，是不是也在给客户提前做规划？

其实，楼盘塑造的价值观也在筛选客户。试想一下，如果一个楼盘，宣扬的价值观是自然教育、父母和孩子快乐相处，这样和谐的家庭关系构建的邻里社区，换作是你，想不想住呢？哪怕想想都会很开心吧！

最后，我想再从一名销售的角度，聊一下《地产营销力 3》对个人的启发。这几年，销售这份职业的称呼变得越来越“高大上”了。从“销售”，到“置业顾问”，到“生活规划师”，再到“品质生活推荐官”，等等，似乎越来越缥缈了。这也让我反思，究竟是只换了一个更高端的名字，还是我们真的能帮客户实现更多的价值?

读了范老师的书，我发现销售原来还可以做很多事情。销售既是顾问，也是客户的规划师，不只是房子的规划，更能给到客户人生的规划。

从事销售这份职业，最大的惊喜，就是我们可以每天接触到不同年龄、不同需求的客户，我也帮助处于不同人生阶段的客户做出了最合适的置业选择。在接待交流中听到的客户们的故事，让我有一种把有限的时间活出了无限的感觉。

所以，我们可以把这些客户的经历和选择转化成客户原声，讲给新到访的客户听。想一想这个事，是不是很酷很神奇，客户几十年的人生经历，那些宝贵的阅历，两个小时我们就能学到，并且分享给后来的客户们，帮助他们在置业的道路上结合未来 5~10 年的发展，做出最正确的选择。

既成就他人，也成就自己。虽然我不是很喜欢把这份简单的职业冠以规划师这么高端的名字，但在心理层面，还是要把自己当成客户美好生活的规划师，多倾听，也多表达，真诚地为客户提供价值。从这个角度看，地产营销真的可以很有趣。

愿所有房地产从业者都能无往不利，在学习的道路上，我们一起加油!

裴健男

2025 年 7 月

推荐序 2 | FOREWORD 1

一位地产销售与《地产营销力》的觉醒之旅

在为《地产营销力 3》写推荐序之前，我满怀敬意地站在书架前，静静地凝视了几分钟。指尖轻轻划过一本本书的脊背，每本书都像我的老朋友。翻开每一页，都像解开了心里纠结许久的结。我把范老师赠送的书整齐地摆放着，时常翻阅，认真阅读、用心实践。我想，这才是对赠书人心意最好的回应。

范老师曾在黔东南山水环绕的重晶石之乡——天柱县，也就是我任职销售的东方 · 状元府项目所在地，担任过短暂的营销策划指导老师。我很幸运，因此得以结识范老师。虽然我们共事的时间不长，但这段经历却成为我销售生涯中难忘的回忆。

我从事房地产销售已经 8 年了，每天都要接待不同的客户，重复上千遍说辞，感觉像走在一条漫长而黑暗的隧道里。难缠的客户，被领导批评……最初的热情在不断的重复中被消磨殆尽，离职的念头像窗台上的灰尘，越积越厚……范老师刚来的时候，因为工作需要，我们经常聊天。我从他那里听到了许多全新的想法，也解开了很多心中的疑惑。

读了范老师写的“地产营销力”系列前两部作品，受益匪浅。老师用小说体的方式，讲述了许多经典案例，语言直白得像是在和我聊天。书里的方法论非常实用，结合项目特点几乎可以直接套用，落地就能见效，内容真的很有魔力。

范老师的文风和他的性格高度契合。看似冷峻刚直的外表下，藏着他对行业、从业者和消费者敏锐的洞察与共情。

2024 年底返乡置业期间，我的业绩远超预期，以 21 套的成交量在团队中名列前茅。团队里有 10 位销售，无论经验还是精力，我都没有优势。我深知，想取得好成绩，就必须比别人付出更多。白天的接待和家里的琐事占据了大部分时间，但我还是利用晚上下班的时间研读《地产营销力》。不记得有多少个日夜，是书中那些被我圈画标注的内容陪我熬红了双眼，也给了我超乎寻常的能量。

业绩公布的那一刻，我才真正体会到，读一本好书就像照一面镜子，能让你看见那个从未察觉的自己，唤醒内心那句“原来我真的能做到”。这正是《地产营销力》学了就能用的最好证明！

看范老师写的《地产营销力》，就像追一部让人停不下来的剧。前两季刚刷完，还在回味结尾的悬念，第 3 季的更新提示就突然弹出来：这一次，聚焦房地产营销中的自然教育和陪伴教育。

《地产营销力 3》中提到的东方 · 状元府那位普通的销售顾问，就是我。年少时没好好读书，早早踏入社会，因为文化和认知有限，没少被现实“毒打”。误打误撞进入地产行业，也因此结识了像范老师这样的人。他就像一双有力的手，把我从泥泞中慢慢拉起……得知范老师在《地产营销力 3》里写到了我，我就像小时候突然收到梦寐以求的礼物，既想立刻抱在怀里，又忍不住后退半步，不敢相信，偷偷掐了自己一把，心里却乐开了花……

范老师笔下的我，大致是这样描写的：这位侗族姑娘喜欢记录每一位成交客户的买房故事，还通过抖音平台，呈现出一部生动鲜活的地产客户样板纪录片。在她的用心打磨下，每一组客户的购房经历都变成了微型的购房动机白皮书，更升华为一种情感共鸣，让每个看过的人都为之动容。客户的真实买房案例在朋友圈和抖音上不断传播，逐渐形成了信任的循环……能被范老师这样业界知名的人物认可和赞美，对我来说是莫大的荣幸。此刻的我，就像鲁迅笔下的“小人物”，却也能发挥“大作用”。

范老师的《地产营销力 3》以自然教育和陪伴教育为核心，提醒我们把问题回归到购房者的心理账户。以我们天柱为例，大多数购房者买房是为了让孩子能进城上学，所以他们愿意为孩子投资，孩子就是他们最重要的心理账户。通过介绍项目的小区园林和环境，我们引导家长们认识到，自然教育其实是回归内心的教育。借助大自然的力量，帮助孩子与真实世界建立联系，放下手机和电子产品，带孩子去小区草坪上玩耍，观察蚂蚁搬家，在草地上打滚，发现昆虫……参加各种社区户外活动，让孩子获得内心的能量和充实感。只有孩子有了能量，才能更好地掌握知识，实现德智体全面发展！

陪伴教育，就是家长和孩子一起体验、共同成长，引导孩子养成良好习惯，树立正确的价值观。高质量的陪伴，其实就是在有限的时间里全情投入，把孩子的成长当作一个有始有终的项目来用心经营。想让孩子成为什么样的人，父母首先要成为那样的人。陪伴孩子的过程，就是给孩子做榜样，以身作则、言传身教，才是最好的教育。地产营销讲究“场景营造”和“价值共鸣”，而孩子的自然教育和陪伴，正是最真实、最有温度的生活场景和情感锚点。

范老师把高配社区的理念延伸到自然教育，实现了“人在景中，景为人造”的完美结合。用“小”切入“大”的底层逻辑，借助“连接”的力量，让每一位地产人意识到，善用自然教育和陪伴教育，正是卖好房子的关键一环。

这本书为地产营销注入了全新的思维方式。作为“地产营销力”系列的忠实读者和最大受益者之一，我由衷地推荐大家阅读《地产营销力 3》！

杨迪迪

2025 年 7 月于贵州天柱

自序 | PREFACE
未完成的作品，干脆封藏了它

这本书一度“难产”！

因为我实在不知道该怎么落笔。

上篇提到的两个楼盘，既不像《地产营销力 2》里的案例那样一气呵成，也缺少一个令人信服的营销结果。

由于一些不可抗拒的因素，我未能完成这两个项目便离开了，但我依然倾注了十二分的心血！

无论是从营销端、策略端，还是执行端，我的想法都得到了完整的落地呈现。但，唯独缺少那么个成功的机会。

不过，这也是我的人生常态。曾经服务过的很多楼盘，也是这样说结束就结束了。好在，我既有“拼尽全力”的执着，也有“坦然接受”的豁达。

这两个楼盘存在一些共通之处，在写作过程中，一个点到为止，另一个作为主体。我把相关内容记录下来，就是想去繁就简，剖析策略制定的内在逻辑，并展现那些极具启发性的思考过程。

下篇提及的楼盘，销售业绩一直很好，其营销策略的内核始终没有脱离自然教育和陪伴教育。

在创作手法上，本书延续了前两本书一贯的小说体风格，依然采用第三人称视角。不过，我简化了故事情节，省去了冗长的对话，剥离了理论说教，使策略思考的脉络更加清晰明了。

《地产营销力 2》聚焦单个楼盘，其实探讨的是人文教育和书香家风。《地产营销力 3》涉及多个楼盘，展示了自然教育和陪伴教育在房地产营销中的落地实践。

王志纲老师在《格局》一书中说：专家，就是深刻的片面！领导，就是浅薄的全面！

我所写的无非一家之言，或许以偏概全，但好在足够真诚，但愿对你有所裨益。

不知不觉间，“地产营销力”系列图书已经写到第三本了。不出意外，和朋友共创的第四本，也将于今年和大家见面。

有时候，我不禁会想，这写书就跟卖房子一样。

卖房需要经历拿地、规划、确定案名、宣传推广、打造示范区、认筹排号、解筹开盘、加推等环节，后续还有第二期、第三期的开发……

写书也是如此，需要经历确定选题、制定大纲、撰写书稿、审校、包装、预售、正式发售、加印等流程，继而推出第二本、第三本……

不同的是，房子即使销售不佳，也能营造出热销的假象。但书可能很难实现热销，长销倒是还有些许可能。

楼盘可能一期就卖完了，再无后续。“地产营销力”系列图书，再推出四五本，大概率不成问题。

敬惜字纸，保持对文字的敬畏；话由心生，执笔为刀注解营销！

在此，衷心感谢所有支持“地产营销力”系列图书的朋友，也恳请你们将此书分享给更多的朋友！

另外，我也启动了“地产营销力”系列书籍的共创计划，欢迎有好项目、好想法的你加入，我们一起用写书来记录房地产行业的兴衰起伏，也为房地产行业贡献更多的经验与智慧。

当然，如果你有营销、顾问、培训、诊断的业务需求，也欢迎找我合作。

范世兴

2025 年 3 月 20 日

推荐语 | RECOMMENDATION
我们为什么要推荐这本书

这本书汇集了地产营销一线的实战经验，书中的鲜活案例和丰富知识，帮助我们融会贯通，迈向成功。期待作者持续推出“地产营销力”系列，让我们在成长的路上一步步成为营销操盘高手。

——贵州盛禧地产总经理 郁晓

《地产营销力 3》其实是一本文字被书名“耽误”的人文教育好书。它关注当下孩子们因过度依赖手机等电子设备，导致自然教育和人文教育缺失的普遍现象。

作者在这本书中，将更多笔墨放在了用户的美好生活上。在作者看来，买房子就是买社区，买下房子后，无论是老年人、中年人、青年人，还是少年和儿童，都应该能收获更美好的生活，而不仅仅是拥有一套房子。这本书聚焦在社区中，如何让孩子身心都能健康成长。这也契合了当前房地产市场的转变——从以供应为主的思维，逐步转向以用户需求为核心。房子是用来居住的，是为了满足人们在不同人生阶段的生活需求，而不是一次性的硬件买卖。从房子到社区，从户内空间到配套服务，地产营销也在从信息不对称下的“一锤子买卖”，走向信息对称下开发商、业主和物业公司共同创造美好社区的方向。

《地产营销力 3》不仅是一本适应地产行业新形势、解决营销难题的实用工具书，更是一部关于家庭教育、父母与孩子共同成长的心智成长好书。

——世联行创新专家 周华

世兴写的“地产营销力”三部曲，我总结了一下操盘的关键，在于“一点两面三猛四快”！一点：项目寻“魂”，找其资源禀赋；两面：对内打造超级案场，对外推广饱和攻击；三猛：客户拓展要猛打、猛追、猛冲；四快：案场销售要决策快、逼定快、执行快、复盘快。

“地产营销力”系列图书第一部着重讲“兵法”，第二部和第三部着重讲“剑法”。建议地产同行都去翻阅这三部书，并躬行实践，它们定能助你提升业绩。

——广东肇庆四会中集智谷营销总监　陈国华

《地产营销力 3》又让人耳目一新！在信息爆炸的时代，科技产品泛滥、客户决策路径愈加复杂的当下，必须回归以客户生活为中心的本质，尤其是回归孩子的教育和陪伴！书中的“自然教育与陪伴教育”直击家庭痛点！

我们地产营销人一直在为经营万千家庭幸福的未来生活场而努力，本书中的自然教育和陪伴教育为房地产营销提供了差异化的竞争利器、情感连接纽带和价值提升引擎。书中的案例思路，不仅满足了现代家庭对健康环境、优质教育和和谐亲子关系的深层渴求，更通过营造独特的社区文化和生活方式，显著提升项目的吸引力、溢价能力和业主忠诚度。

在竞争日益激烈的市场环境中，将这两者深度融入项目定位、产品设计和社区运营，是打造下一代理想居所、赢得家庭客户青睐的关键策略之一，具有很强的落地借鉴意义！

——中海地产银川臻如府项目操盘手　陈春辉

犹记得第一次翻开《地产营销力》时的如获至宝，当市场变了、客户变了，过去的操盘经验已然失灵，手里的营销方案只有降价、提佣，真的感觉自己的价值可有可无。

自从读了“地产营销力”系列的前两本书，范老师对于项目营销策略的剖析、各种方法论及落地执行力令人深深折服，感叹自己十多年营销策划工作的不足，也找到了学习的方向及在这个行业持续深耕的动力。

如今地产行业早已过了“闭眼赚”的时代，拼的是对市场的敬畏、对客户的真诚。“地产营销力”系列图书就像一位历经风雨的前辈，把踩过的坑、闯过的关娓娓道来，既有方法论的沉淀，也有对行业初心的坚守。

如果你也在为营销发愁，或想在行业里走得更稳，相信我，翻开它，你一定会找到比技巧更珍贵的东西——那就是穿越周期的真正底气。

《地产营销力 3》是范老师倾注心血的又一力作，一定会带给地产营销人不一样的操盘思路及视野，强烈推荐地产策划及营销总监阅读，让我们跟随范老师一起成长。

——15 年地产营销策划人 彭金亮

精神层面的价值是最好的人文价值！《地产营销力 3》对居住、自然与教育三者的关系进行深度重构，这是未来地产营销的最终走向！

作者范世兴老师，无论人品还是书品，都值得我们推崇。人品中有文人对文化传播的坚守；书品，每一个案例、每一个营销动作，都让行业深耕者顿悟后立马可以举一反三、触类旁通，以及落地使用。“地产营销力”系列图书，是不同销售行业都可以拿来借鉴的好书！

——北京兆辰房地产营销策划机构售后总监 孔贤慧

在不断进步的地产行业，唯有怀着对市场的敬畏、对自己的要求，不断地学习和成长，才能长久地立于不败之地。《地产营销力 3》这本书，对我而言是又一次的思想冲击，又一次丰富和修复了我的营销思想体系。

——重庆荣融辰置业发展有限公司营销负责人 王韦平

在充斥着“营销无用论”的行业至暗时刻，“地产营销力”系列图书就如同“黑暗里的光”，笃定地闪耀着——展现着从业者对营销的热爱、对本质的思考、对方法的践行。

营销的本质是价值。如何深挖价值，升华为价值观，并可视化地传播、传递，从而提升业绩？“地产营销力”系列图书提供了一把“营销有用”的钥匙，它的有用，不是因为项目的最终结果如何，而是因为它遵循本质规律。

我们无法改变市场，但应该遵循本质规律并不断提升自己。我们做每个项目，都应该借鉴该系列图书的底层逻辑和方法，进行价值的深挖与升华。

——百达行湖南区域总经理 林毅

当下的房地产市场，已经回归到了买方市场。《地产营销 3》无疑为营销人打开了一扇和客户有效沟通、构建信任的新窗户。

本书从客户视角出发的自然教育和家庭陪伴教育，很好地击中了当下客户的痛点，并与房子完美结合，为下行市场的客户提供了很好的购买理由。

作为家长，我也从书中学到了新的教育理念。想让孩子有一个好的童年，不能只依靠学校教育，居住环境和父母的言传身教更重要。而房子正好提供了相应的空间，给了亲子高质量陪伴的可能性。

——江西大地留香园销售总监　漆钗

《小王子》说：想造一艘船，先要唤起人们对大海的渴望。世兴的“地产营销力”系列图书正是这样的“渴望之书”——它不教人堆砌营销材料，而是点燃从业者对初心的渴望。

《地产营销力 3》延续了他“滴水穿石”的踏实基因——从万字楼书的精细打磨，到下乡刷墙的笨功夫，以“真诚是必杀技”的坦荡，直面项目的未竟之憾，这种勇气恰是当代营销人最稀缺的品格。

在行业困于流量焦虑、技术内卷之时，他用行动诠释了营销的本质：利他服务，价值链接。好营销从来不是指挥客户，而是教会他们渴望“更好的生活”。既有用“书香门第”唤醒家族传承的渴望，又有以“儿童友好社区”点燃陪伴成长的渴望。

其实，不管是“书香门第”的精神锚定，还是“儿童友好社区”的陪伴提案，皆指向同一内核——“我看到了更好的可能，跟我来”。书中案例不仅展现了如何用情绪价值撬动家庭心理账户，更揭示了当下地产营销的底层逻辑：卖房子，就是卖一种可落地的理想生活。

从方法论到价值观，这部沉淀之作正推动“地产营销力”IP 的完整成型——它教会我们的不仅是使用工具，更是对行业初心的重拾：房子终会建成，而家需要被唤醒。

当客户因信任走向你时，你终将明白：好房子从来不是卖出去的，而是用踏实的价值创造与真诚的生活提案，让理想自然生长。

——资深品牌营销传播人　孟垂森

“地产营销力”系列图书，是地产营销的实战派指南。

这本《地产营销力 3》延续了范老师一贯的务实风格，摒弃空泛理论，直击行业痛点，系统梳理了可快速落地的策略，依然是地产从业者绕不过去的“工具书”。

更难能可贵的是，范老师参与的每一个项目，都结合本土化场景，提炼出了精准的营销策略，还给项目的价值包装做了很多加法，而且都是跨学科跨行业的知识内容，这对一线销售团队来说，极具参考价值。

这是一本“即学即用”的行业手册，适合营销人常备案头随时翻检。

——贵州盛禧地产营销总监 丛春来

在喧嚣褪去、价值回归的地产新时代，营销不再是简单的叫卖，而是一场关乎洞察、策略与信念的深刻修行，营销人的黄金时代真正来了！

“地产营销力”系列图书，是十分生动、百读不厌的工具书。有实用的理论，更有从市场中淬炼出的实战锦囊，更重要的是这些案例都是新鲜出炉的、作者实操的案例，颇具参考价值。无论你是深耕多年的营销老将，还是锐意进取的行业新锐，都能在这里找到撬动业绩增长的准确支点与唤醒沉睡市场和自己的澎湃能量。

我认为，这本书最大的作用不止于传授方法，更在于点燃思想。它用极具代入感的场景、坦诚的思路剖析，为我们提供了一套思考问题的逻辑。字里行间，是对行业的敬畏、对客户的诚意，以及对自我专业的极致追求。

营销的终极战场，不在沙盘间，而在用户心智的方寸之地。郭德纲说，说相声最后拼的是文化，营销人我相信也一定是。在这本书里，你能看到社会学、心理学、建筑学的知识，也能看到王志纲、华杉、吴昊这些营销策划大师的影子，作者的精神世界松弛且丰盈，实战派文人气质体现的淋漓尽致。

这也是为何“地产营销力”系列书籍能成为地产营销人的案头必读书籍——寒冬里能长出春天的枝桠，从来不是靠运气，而是深植于泥土的智慧、文化与韧性。

凡事最怕认真二字，诚荐给每一位认真做地产营销的同行者。

——邢台佰思堂文化传媒有限公司总经理 徐鹏

如果说有一套书是地产营销人必读的，那范世兴老师的“地产营销力”系列一定是，这套书也是地产营销人案头必备的实战指南。这套书中既有系统的营销方法论和全周期操盘逻辑作为“道”，又有着完整的落地执行链路和实操结果呈现作为“术”，可以说“渔”和“鱼”都“授人”了。同时，以小说体的形式呈现，让读者读得轻松、学得畅快，非常过瘾。

这本新作《地产营销力 3》对比以往的两本而言，借助“陪伴教育”的改善住宅命题，在强化营销系统方法论的基础上，更是把如何诠释项目精神属性的过程展现得淋漓尽致。宽度上用海量的语料来夯实客群站位和痛点，深度上用文案撰写、可视化道具落位、圈层活动执行、销冠的执行力等内容诠释了落地的细腻颗粒度。

不仅于此，本书还加入了范世兴老师对于心理学在地产营销领域应用的思考，不单单是在策划维度，也包含了销售维度，可谓包罗万象。相信无论是地产营销的新兵还是老将，翻开这本书都能摸到业绩突围的钥匙。

——资深项目营销操盘手　李思远

受范老师《地产营销力》的案例启发，我们协调团队参与西安远郊滞销别墅项目，实现了销售去化的业绩，深深感受到书中的“力道”。

《地产营销力 2》则是在浮躁的地产市场环境中，潜心“寻根”深挖文脉线，实现业绩与口碑双赢。

《地产营销力 3》同样是通过全新的实战案例、细致的执行力展现范老师在地产营销新阶段的思考。同时，书里也推荐了极具启发性的书籍及电影，拓展了我们学习和认知的边界。

“学了就能用，执行就见效”是我对范老师“地产营销力”系列作品的初见感受。到第三本书面世，我觉得该系列图书，不仅仅是学习工具，更是引领我们地产人思考和觉醒，在市场下行期重拾信心的“灯塔”丛书。

——西安摩根互动广告公司总经理　欧桂

范老师一直在实践，营销力一直在加码。不仅有营销方法论，还有社会学、教育学、心理学相关知识，真正把卖房和客户的生活、自己的生活结合，理论与实践结合，工作与生活结合。

书值得读，人更值得学。地产现在是难干，但既然还要干，那就：首先“迪香笑”，然后“好好闹”。

——深圳涛为（地产 TOPWAY）创始人　赵成涛

从《地产营销力》到《地产营销力 3》，范老师持续为地产行业贡献着鲜活如小说般的案场实战案例，堪称小说体地产案例教学法的开创者。初读《地产营销力》时便深受震撼——竟能将看似枯燥的案场博弈，描绘得如此生动淋漓，更可贵的是，其底层逻辑与心法皆倾囊相授。

作为一名深耕地产 14 年的从业者，我诚挚推荐“地产营销力”系列图书。无论您是行业新人渴望快速洞悉地产营销的脉搏，还是操盘老手期待深化，该系列图书都是不可多得的实战教科书与灵感源泉。

——14 年地产从业者　邢倩倩

房地产行业下行期，房子在回归居住属性。作为地产人，也要褪去泡沫繁华，坚持不断学习，回归脚踏实地。从方法论到落地执行，范老师的“地产营销力”系列图书，都给出了他自己的实操过程和切身体会，给行业的同行者带来了新的参考方向。

——济宁辰雨置业营销负责人　王一鸣

物质过剩、追求精神满足的时代，把理性的价值通过感性的方式呈现，是营销的流量密码和客户认同的密码。但是，在房地产营销中具体怎么做，市面上罕见方法论。这本书结合心理学、家庭教育，总结了已落地实践的房地产感性营销体系，范老师可谓先驱者，值得反复学习。

——常德诸葛营销创始人　廖思

2024 年，第一次接项目的时候，便遭遇瓶颈。研读“地产营销力”系列的前两本书后感触与收获颇多，时常感到在与作者隔空对话。书中的方法论在实际落地中，不断创造出转化数据。这不仅是刷新认知，更是被验证的生存法则。

——贵州毅正房开 / 贵州金尚房开营销顾问　孙宇

目　录 | CONTENTS

上　篇

下　篇

复 盘

上　篇

1. 地产卷王：高配生活家

接上本书，贺皮久和赵笑律看完烂尾项目，又看了市场上在售的竞品楼盘，便马不停蹄地赶回了公司。接下来的两三个月里，他们就“如何让这块‘破了块皮的劳力士手表’不折损价值”，和开发商以及设计院的合作伙伴开了无数次碰头会，商讨了很多种解决思路，最终敲定了设计方案，接下来就是正常的报规审批了。

本以为能长舒一口气了，但开发商并没有让他们喘息的意思，因为另一个项目——大河桃源马上要启动了。

不同于名筑印象所在的度假区，只是一个成立刚满 10 年的新区，大河桃源隶属的聊城经济技术开发区（简称“开发区”）早在 1995 年就启动建设了。如今，这片土地已被岁月酿成了醇香的美酒，散发着迷人的芳香：交通便利、环境宜人、生活配套一应俱全……

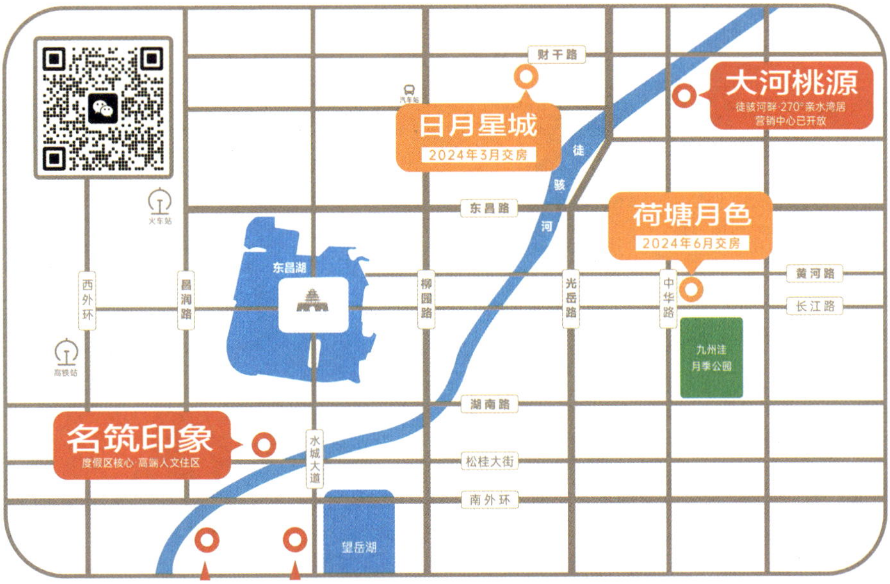

大河桃源在开发区的地理位置

真正让赵笑律眼前一亮的，是大河桃源的规划文本。他没想到，大河桃源这次联合了中国建筑上海设计研究院，和国际顶尖的景观设计单位山水比德设计团队共同操刀，在名筑印象的基础上做了很多优化升级，给聊城楼市又下了一剂猛药。

楼盘好不好，先看规划。大河桃源总占地面积约79亩[①]，一共规划了15栋楼，采用单线制错落式规划布局，建筑一字排开。其他楼盘，普遍采用行列式布局，建筑按一定朝向和间距成排分布。

这样设计的优势在于，同样的占地面积，大河桃源的建筑密度仅为22%，远低于其他楼盘的30%。建筑密度越低，楼间距就越大。

更为奢侈的是，大河桃源的楼间距最小也有40米，最大的能达到134米。建筑围而不合，确保前后视野开阔，窗外景色一览无余，室内通风采光俱佳，私密性得到了最大限度的保障。

这样的布局，相当于在大河桃源的中庭打造了一个超15000平方米的中央景观花园，与社区外不远处的橡胶坝公园相呼应，形成内外双公园的格局，真正实现了“把家安在公园里”。

通过全新的规划布局，大河桃源在林间精心设计了多种主题园林空间，如梦幻星球儿童乐园、乌桕主题植物社区、550米森氧跑道、游廊式会客厅等，能够充分满足邻里社交、亲子娱乐等当代家庭的生活需求。

大河桃源鸟瞰

① 1亩≈666.67平方米。

大河桃源的建筑立面采用现代简洁的风格，整体以横向线条和大挑檐为主导，局部辅以多样化的细部线脚，尽显高端品质。主立面采用水包水真石漆打底，表面光滑且光泽度好；局部造型选用铝板、石材，进一步提升建筑亮度，营造出丰富的层次感。

令人惊喜的是，大河桃源的建筑南向实现了超大窗墙比。这样既确保了极佳的通风采光效果，也使整个楼体在视觉上显得更加通透。大面积玻璃与铝板金属质感搭配，线条感十足，既轻盈又耐看，昭示性和辨识度极高。远远望去，楼体明亮雅致、干净利落。

此外，大河桃源的主入口大门高约 9 米、宽约 43 米，搭配飞檐式门头和铝板盖顶，让业主归家时更有仪式感，奢侈感直接拉满。

更精妙的是立面材质的运用。相较于名筑印象，大河桃源增加了大面积玻璃幕墙和铝板装饰线脚等细节设计，减少了墙体面积，更具现代感。更大的入口前景广场，搭配水池和绿植，增添了生机和活力，进一步强化了阵列秩序感。

尤为难得的是，大河桃源的户型对标万科，基本上配备了大宽厅、大阳台，并实现了客厅和餐厅空间一体化，可以说是整个开发区最优质的户型设计。

大河桃源沿徒骇河立面效果

此外，大河桃源坐落于风景优美的徒骇河畔，西侧紧邻中华路网红大桥——徒骇河大桥。在此临水而居，推窗即可揽河，是聊城目前在售的为数不多的一线亲水楼盘。徒骇河畔的二手房挂牌价格，每平方米约一万四五千元，位置优越的单价可以达到两万元左右。

最令人心动的，是大河桃源没有浪费这得天独厚的生态资源，将临河的户型设计成了限量版的 173 平方米的大平层，并搭配了 270°“L”形环幕阳台，远远望去，宛如一块通透的水晶，让徒骇河的波光直接流淌进客厅。这无疑是大河桃源为徒骇河献上的一份关于奢宅的全新答卷。

当然，双精装入户大堂、动态人脸识别系统、星空顶地库入库等酒店级的归家仪式感配置，以及玄关处一键断电开关、卫生间自动感应小夜灯、厨房窗式通风器、入户门重物挂钩、地面隔音垫等提高业主生活品质的室内细节，名筑印象就已具备，在大河桃源的规划中自然也成了标配。

如此一来，也就不难理解，为什么房产网会惊呼大河桃源“卷王来袭”了！

有了与名筑印象的合作基础，这一次贺皮久依然给了赵笑律充分的自主权，不干涉，不设限，让他尽情施展才华。

赵笑律详细看完大河桃源的规划资料，又对比了区域竞品，跃入脑海的第一个词就是“高配”。

从大门到地库，从建筑到园林，从大堂到户型……大河桃源无一不是高配的规划标准，每一处细节都能让人感到惊喜。不得不承认，如此配置在市场上极为罕见，更是区域竞品望尘莫及的。

大河桃源作为刚需盘，却呈现出了改善型住宅的品质，妥妥的不输豪宅的高配社区。

运用逻辑五分法进行分析，赵笑律毫不犹豫地选择了品牌逻辑和产品逻辑，因为在当前的市场环境下，只有国企开发的项目，在交付和品质上更让人放心，而极致的产品力，本身就是最有效的营销手段。

于是，便有了大河桃源的广告语：财信国企放心选，高配人生住桃源！

逻辑五分法

城市逻辑

□依托项目在城市发展中的“利好”
□城市未来发展中心
□城市新中心
□与成熟核心板块强相关

土地逻辑

□依托土地本身物理价值的“利好”
□山、海、湖、河、森林等稀缺自然资源
□城市中央公园、大型市政公建、商业中心

品牌逻辑

□品牌认知基础与品牌号召力
□依托品牌，与其他逻辑全面强相关
□易于被感知和体验到品牌的价值

产品逻辑

□独特的产品研发
□明显区隔竞品的“利好”
□市场稀缺或是顶级产品

人群逻辑

□只为单一人群服务，或适合特定的人群

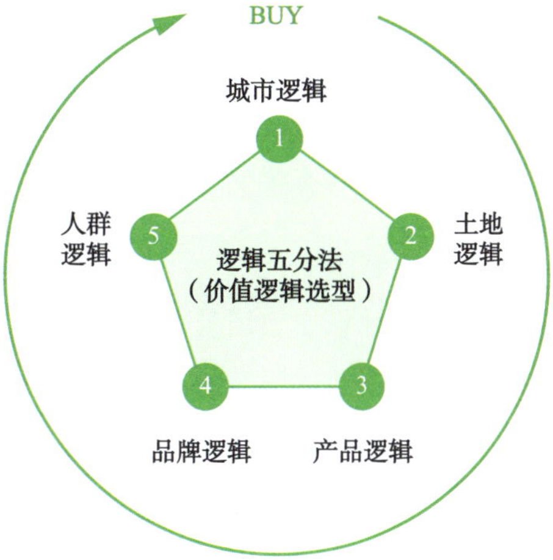

逻辑五分法（详见《地产营销力》）

赵笑律梳理出大河桃源的十大价值点。

01　环境生态化

橡胶坝公园，徒骇河风景区
社区约 15000m^2 中央花园
家，就在公园里

02　规划酒店化

星级酒店为规划蓝本
打造更高级居住场景
比肩一二线豪宅的居住理念
生活，永不过时

03　园林度假化

超宽楼间距方便打造

更多场所和家人消磨时间
回家是穿越花园的旅行
度假，是每天的日常

04 社区社交化

在宅间林下
预留各种社交空间及会客厅
小尺度空间的温情
尽享，小红书式生活

05 立面美学化

屋顶挑檐造型
经典三段式布局
舒适流畅线条
不输豪宅的现代简约美学

06 户型宽厅化

6~7 米奢华尺度，豪宅即视感
270° 亲水湾居，无敌观河视野
巨幕宽厅，通透轩敞，空间可变
给家人更多陪伴

07 地库精装化

星空顶地库入口
地下精装入户大堂
约 3.8 米车库层高体面排场
让归家从容不迫

08 匠心细节化

厨房增加窗式通风器

入户门处安装重物挂钩
配备小夜灯、楼层隔音垫
看不见的美好同样重视

09 收纳极致化

更大尺度的空间设计
方便布置大量储物空间
玄关柜、橱柜、餐边柜、阳台柜……
生活就要稳稳的幸福

10 小区智能化

天使之眼、高空抛物监控
人脸识别、可视对讲
一键断电、信号覆盖
每一处呵护都细致入微

大河桃源高配生活 10 大价值

凭借国企品牌的坚实背书，大河桃源以令人惊艳的产品脱颖而出，让众多楼盘黯然失色。

然而，在这场激烈的市场竞争中，尽管大河桃源的优势如明灯般耀眼，却也面临着不容忽视的挑战。

时间，成了这场竞赛中的第一个变量。颇具戏剧性的是，早在 2021 年 12 月，大河桃源便先于名筑印象半年，与隔壁的竞品名门天境几乎同时踏上了这片热土，二者均以 550 万元 / 亩的竞拍价拿下了土地，仿佛两位剑客，在黎明破晓之际拔剑相向。

时光荏苒，仿佛转眼间，名门天境一期已如一位即将出阁的新娘，以准现房的姿态，静候着 2024 年 10 月交房的幸福时刻。再看大河桃源，其工地就像沉睡中的巨人，直到最近才在机器的轰鸣声中，缓缓睁开惺忪的睡眼，开始了它的筑梦之旅。这迟来的动工，无疑给满怀期待的客户平添了几许焦灼。

更令人不安的是，大河桃源北侧那片静谧而略显沉重的公共墓地，如同一位沉默的守望者，静静地诉说着过往，也成为难以补齐的短板。这一劣势如同天边那片不时飘来的阴云，让赵笑律心中偶有隐忧，却也坚定了他放大项目优势的决心——要用产品的独特魅力去打消客户的顾虑。

大河桃源在挑战中积极寻找机遇，精心雕琢每一处细节，力求让每一位到访者真切地感受到那份由内而外散发的魅力与不凡。在这场与名门天境等竞品的较量中，大河桃源以独特的方式，书写着属于它自己的篇章。

2. 自然教育：警惕“自然缺失症”

自从接手大河桃源项目，赵笑律的健身轨迹便从跑道延伸到了河岸骑行道。

每次前往售楼部，赵笑律都会沿着徒骇河骑行十多公里。这段旅程，不仅是他身体的律动与锻炼，更是他观察城市生态演变的独特窗口。

江北水城，大美聊城！如果说，大运河是聊城的金丝线，那么徒骇河就是聊城的母亲河。

随着聊城“两城一河”战略的推进，徒骇河这条位于古城边缘的天然河流，一跃成为新的城市发展轴心——既是城市主要的开放空间带、重要的滨水生活游憩区，又是城市最重要的生态廊道。徒骇河的生态价值正在发生历史性的蜕变。

这条绵延 17 公里的城市水脉，承载着 53 亿元世界运河博览园项目的宏伟愿景，通过“水线—岸线—天际线”的三维景观体系，构建起集生态涵养、文化博览、滨水休闲于一体的城市活力带。从林木种植产业区到中央商务发展区，从七大运河风情区到十大景观主题园，这条生态廊道正书写着城市更新的绿色范本。

彼时初秋，徒骇河呈现出一派宜人景象。碧空如洗，秋意正浓，阳光在五彩斑斓的树叶间跳跃。凉凉的秋风裹挟着落叶，送来丝丝清爽。阳光下，河面波光粼粼，清澈见底。柔美的河岸线被秋色浸染，怡心怡情。沿河仍残留着大片夏意，接天莲叶，水草摇曳生姿，一片醉人风光尽收眼底。徒骇河边，芦苇在风中轻舞，与蓝天绿水共同勾勒出一幅色彩绚丽的秋景画卷。

每当骑行疲惫时，赵笑律便会停下来，尽情欣赏眼前的美景。

他细数着河面上翩跹起舞的飞鸟，它们时而低旋，时而高飞，画出一道道优美的弧线；他凝神眺望岸边被秋色渲染得五彩斑斓的树木，金黄、深红、橙黄交织，每一片叶子都在以独特的方式诉说着秋天的故事。垂钓者静坐岸边，专注而静谧，与水面的波纹共同构成一幅宁静祥和的画面。他忍不住驻足观赏，偶尔还会捡起一块扁平的石头，轻轻掷出，看它在水面跳跃，激起一圈又一圈的涟漪……

在这里，赵笑律会与擦肩而过的陌生人闲聊；不远处，一只小狗在沙堆上欢快地打滚嬉戏，那份纯真的快乐感染着他，让他的心情也随之变得轻松愉悦。

徒骇河风景区宛如一片充满魔力的神奇场域，拥有包罗万象的蓬勃生命力。在这里，每一刻似乎都会有新的发现与惊喜，让人沉醉其中，流连忘返。

然而，如此美好的大自然，却与大多数孩子渐行渐远。

如今，许多城市里的孩子越来越"宅"，他们与大自然接触寥寥，对大自然的了解甚微，和动物的近距离接触也仅局限于电视屏幕。不少孩子甚至看到蜻蜓会尖叫，见到蚂蚁就想踩，会被毛毛虫吓得惊慌失措，还会嫌弃泥土脏……

孩子们早已丧失了观察大自然的浓厚兴趣，更别提探索这个世界的好奇心。他们熟知的是电视里的"熊大熊二"、手机里的各种游戏，却与自然的距离越来越远。这种对自然的疏离，也是孩子身心出现各种问题的症结之一。

美国作家理查德·洛夫在《林间最后的小孩》一书里，将这种现象称为"自然缺失症"。他在书中提到，中国只有 5% 的家长表示自己的孩子经常在大自然中探索，其余 95% 的孩子被各种电子产品和玩具所捆绑。

"自然缺失症"并不是传统意义上的病症，而是当今社会一种极具危险性的现象，即儿童在大自然中度过的时间越来越少，进而引发了一系列行为和心理上的问题，如肥胖、注意力紊乱、孤独、抑郁、愤怒等。

孙瑞雪老师在她的《捕捉儿童敏感期》一书中这样写道：沙子和水是大自然赐予孩子最好的礼物，任何一种玩具都无法与之相媲美。

在赵笑律的童年中，最令他怀念的就是以自然为乐园的那段时光。那时候，天与地就是他和小伙伴们放学后的天堂。他们在田间野外尽情奔跑，去水塘里捉鱼逮虾，在树林里爬树探险……神秘的大自然给予他们无穷无尽的欢乐，也让赵笑律更加勇敢、对未知充满好奇且内心丰盈。

有关统计显示，如今的孩子平均每天看电子屏幕的时间长达 7 小时，与之形成鲜明对比的，是孩子每天户外无组织的玩耍时间只有几分钟。大多数男孩 21 岁之前玩电子游戏的时间竟然超过了 1 万小时，但他们对当地的原生植物认识不到 10 种。

记得有一家幼儿园曾闹过一个笑话：老师让孩子们在课堂上描述蚂蚁长什么样子，结果全班 1/3 的孩子举手表示"蚂蚁太脏了，妈妈不让我看"。

赵笑律经过搜索得知，造成“自然缺失症”的主要原因有以下三个：

（1）电子产品成瘾。目前，电子产品成瘾率已经攀升至 90%。与此同时，成瘾年龄降低了 1.5 岁。

（2）孩子接受的机械类信息远超过生动类信息。也就是说，有关创造力和主动性的信息摄入过少。他们整天忙于做作业、参加课外辅导班，思维逐渐僵化，想象力匮乏。

（3）父母对孩子户外玩耍加以阻拦。

我们时常能听到父母这样对孩子说：“别去那个土堆，脏死了，会弄脏你的衣服的”，“草地上湿漉漉的，不要过去，里面还有蚊子和虫子，会叮你的”，“去公园干吗，太阳那么晒，我们不如去室内游乐场吧”，“不要去捡地上这些树叶，都是细菌，会让你生病的”……

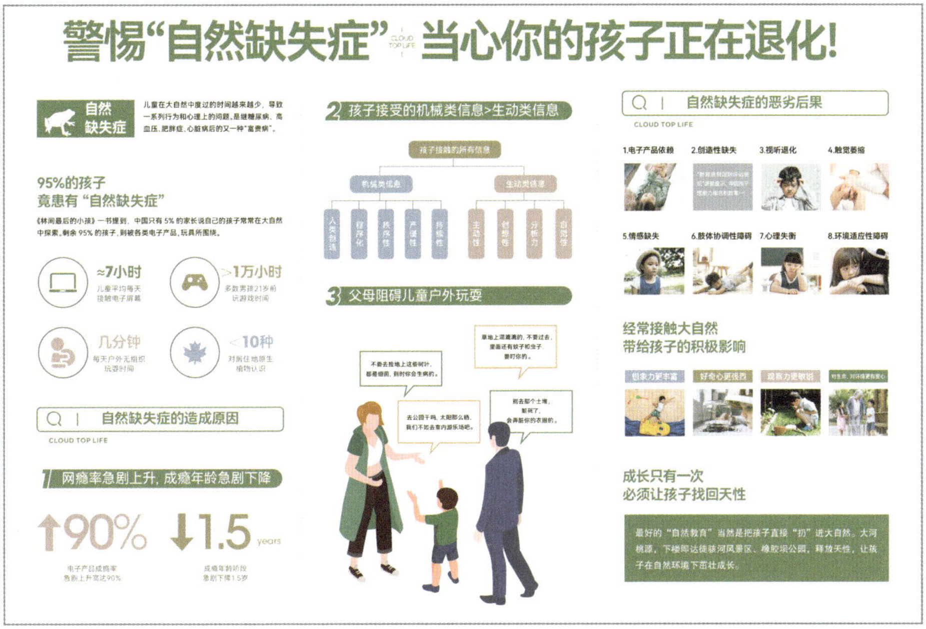

大河桃源“自然缺失症”展板画面

“我儿子 8 岁了，分不清麦苗和韭菜，还以为土豆长在树上。”这样的事情我相信在你身边也不罕见。

赵笑律清楚地记得，在大河桃源售楼处第一次见到周女士时，她手里攥着半包纸巾，眼泪吧嗒吧嗒往宣传单上掉：“上周带他去郊区，看见只蚂蚱吓得直哭，吵着要回家看手机……我这当妈的，是不是特别失败？”

她儿子晨晨缩在沙发角落，手机屏幕的光打在他脸上，他的手指飞快地划拉着王者荣耀。周女士抢过手机，晨晨像突然被拔了电源的机器人，“哇”的一声大哭起来，还抬脚把桌子上的水杯踹到了地上。

赵笑律看着售楼处里这个情绪失控的“小怪兽”，突然想起老家表姐的儿子。同样是七八岁的年纪，那孩子在菜园里种菜摘瓜、在河沟里摸鱼逮虾，晒得皮肤黝黑，举着粘知了的竹竿冲他笑：“舅舅，这个有人收，一块钱一个呢！”

该如何治愈孩子的“自然缺失症”呢？

著名学者梁从诚先生曾言：“没有孩子会生来不爱自然。”理查德·洛夫也说：“孩子就像需要睡眠和食物一样，需要和自然接触。”

未曾拥抱过自然的童年是不完整的。孩子的成长只有一次，没有父母愿意看到孩子的童年被手机和电脑禁锢，也没有父母愿意让钢筋水泥磨灭孩子对自然的向往。

亲近大自然是人的天性。因此，我们要竭尽所能，让孩子去了解并熟悉自然界的一草一木，我们要在他们心中播撒“绿色”的种子。

长期和大自然亲密接触，会给孩子带来积极而深远的影响。总有那么一刻，你会惊喜地发现，孩子的想象力越发丰富，好奇心更加旺盛，观察力更加敏锐，对身边的一切也充满了探索的欲望。

毋庸置疑，居住在自然环境中是最好的选择。比如，大河桃源下楼即达徒骇河风景区、橡胶坝公园，而且社区内有超过 15000 平方米的中央景观大花园。在这里，孩子能尽情释放天性，在自然的滋养下茁壮成长。

心理学家李子勋说过：上 100 堂早教课，不如带孩子在大自然中走一天。

成长只有一次，我们必须帮孩子找回他们的天性。

3. 手机依赖：你的孩子正在退化

赵笑律有一个年仅 6 岁的小外甥，平日里总盯着手机玩，小小年纪便戴上了近视眼镜。有一次，赵笑律和姐姐一家外出游玩，他们刚下车往公园走，小外甥就开始嚷嚷无聊，非要玩妈妈手机里的游戏。妈妈一开始坚决不同意，可禁不住孩子软磨硬泡，最终还是把手机给了他。

姐姐不好意思地说，她也知道孩子过度沉迷手机并不好，但经常感到无可奈何。原来，孩子哭闹的时候，为了省事，她便用游戏和动画片来哄，没想到孩子对手机的依赖竟越来越严重。

这样的场景估计很多家长都熟悉：不开电视，孩子就不吃饭；不让玩手机，孩子就哭闹不停；一玩起游戏，又谁叫都不搭理……

无论是耐心讲道理，还是强行没收手机，效果都不尽如人意。这确实很让人头疼，也愁坏了很多家长。

得到 App 的课程“得到头条”告诫我们：放不下的手机杀死了生活中那些真实的体验，导致我们沉迷于虚拟世界无法自拔。

每年新学期第一个月，据说很多地方的眼科门诊都会迎来一个小高峰。一个寒假过去，不少孩子的视力会明显下降，这很可能跟寒假期间不健康的用眼习惯，以及长时间盯着手机屏幕有关。

《柳叶刀》在 2021 年发布的一项研究表明，33 岁以下人群的近视风险和使用电子产品密切相关。长时间使用手机，会导致近视的风险增加 30%。每天使用电子设备超过 2 小时的学生，患高度近视的风险更高。

更为严重的是，过度沉迷手机还会对孩子的学习造成负面影响。这很可能已经发展成为一个全球性的问题。

2000 年，经济合作与发展组织（OECD）发起国际学生能力评估项目（PISA）——

每 3 年对全球几十个主要地区的 15 岁学生开展一次涵盖数学、阅读和科学素养的测评。PISA 最近一次公布的是 2022 年的测评结果。

这份测评结果显示，全球学生的科学成绩在 2009 年达到顶峰，阅读成绩则在 2012 年达到顶峰，之后发达国家学生的整体表现就呈现下滑态势。

那么，究竟是什么导致全球学生成绩下滑呢？PISA 的报告推测，手机是主要原因。

PISA 在报告里明确指出，每天在校使用电子设备少于 1 小时的学生，数学成绩比每天使用电子设备 5 小时以上的学生高出约 50 分。即使排除社会经济因素的干扰，这个差距依然很显著。

此外，脑科学研究也为这一结论提供了有力的佐证。

2018 年，日本东北大学的衰老医学研究所针对 223 名平均年龄为 11 岁的孩子开展了一项为期 3 年的追踪调查，借助脑部成像技术观察手机对大脑的影响。调查结果发现，每天都上网的孩子，语言能力发展更慢，大脑发育也会减缓，前额叶皮层、海马体以及一些与语言和情绪有关的区域都会受到影响。

针对手机对学习的负面影响，全球的教育机构都采取了行动。其中最为简单直接的方法，就是“禁”，即禁止学生在学校使用手机。

西班牙的两个城市分别在 2014 年底和 2015 年底实施了严禁手机进校园的政策。研究人员发现，这一举措成效显著。禁令实施不到 3 年，学生的数学成绩和科学成绩都有了明显提升。

挪威公共卫生研究所也开展过一项类似的短期实验。结果显示，中学里不使用手机的学生在精神健康方面的咨询次数更少，校园霸凌事件的发生率更低，平均成绩也更高。

减少手机使用，不仅有益于学习，对身体健康也大有裨益。

英国曾制作过一档纪录片，心理学家让一所学校的八年级学生挑战 21 天完全不用手机。实验结果显示，这些学生停用手机之后，睡眠质量显著提高，平均入睡时间比之前缩短了 20 分钟，每晚睡眠时间增加将近 1 小时。同时，他们的情绪状态也有所改善，与抑郁相关的情绪感受减少了 17%，焦虑情绪降低了 18%。

目前，很多国家已经把手机禁令纳入教育政策体系。

我们以芬兰为例进行具体介绍。该国的教育水平在全球享有盛誉。2000 年 PISA 首次评估时，芬兰学生的成绩位居全球第一。然而，之后其排名陆续被爱沙尼亚、新加坡、中国等国家超越。芬兰学生的数学成绩从 2006 年的平均 548 分下降到 2022 年的 484 分，数学成绩处于低分区间的学生比例也从之前的 7% 攀升到 25%。

芬兰教育部的官员认为，学生成绩下滑与学校内允许使用电子设备有关系。芬兰是最早推行电子教学的国家，很多学校直接用笔记本或平板电脑取代了传统课本。但很多老师发现，学生在学习过程中态度敷衍，心思常常在社交媒体上。随后，芬兰部分学校逐渐恢复使用纸质课本。

2024 年 12 月，芬兰政府修订了《基础教育法》，明令禁止学生将手机带进课堂，以减少学生使用电子屏幕的时间。这个政策将在 2025 年 8 月正式执行。

除了芬兰，其他国家也出台了类似禁令。自 2018 年起，法国禁止在托儿所、中小学使用手机；英国教育部 2024 年初向全国中小学颁布了手机禁令，不允许学生在上课期间使用手机；荷兰从 2024 年开始，禁止中小学学生把手机、平板电脑和智能手表带入教室；美国有 19 个州通过立法或者颁布政策的形式限制学生在学校使用手机。

2025 年 3 月，在全国两会上，人大代表姚明提出建议，倡导未成年人开展“息屏 24 小时”行动，鼓励更多的青少年投身体育运动，亲近大自然，参与真实社交，成长为身心和意志品格全面健康发展的下一代。

然而，也有人认为，仅仅依靠学校颁布禁令，可能无法达到预期效果。

2025 年 2 月初，医学期刊《柳叶刀》上发表的一项新研究也对此进行了探讨。研究人员选取了 20 所严格限制学生使用手机的中学和 10 所政策相对宽松的中学，对这 30 所学校的 1200 多名中学生展开调查。

研究结果表明，这 30 所学校学生的心理健康水平大致相当，都处于中等水平，数学和英语成绩也没有显著的差异。此外，在睡眠、锻炼、课堂表现，以及学校内外总体手机使用时长方面，也未呈现出根本性的差别。

研究者指出，校园手机禁令只能保证学生在校期间不使用手机，不少学生回家后还是会花大量时间在手机上，甚至出现严重的“补偿性刷手机”现象。

这意味着，学校的努力只是一部分，更为关键的，是课堂之外的家庭。

倘若为人父母的我们深陷手机和网络，却对孩子怒吼“放下手机”，又怎能对孩子产生积极的影响呢？

2024 年，北京大学光华管理学院在《婚姻与家庭》杂志上发表过一项颇具警示意义的研究。他们对广东省 1 万多名 3~6 岁的学龄前儿童展开调查，有两大发现。

第一，孩子父母受教育程度越高、家庭收入越高，孩子每天花在手机上的总时间越少。

第二，受过高等教育的父母，更具有电子设备管理的意识。他们会积极为孩子营造健康的成长环境，不会一边指责孩子，一边自己沉溺于手机。同时，他们也会更主动地对孩子进行管理，明确规定孩子使用手机时的行为准则，避免孩子放任自流。

由此可见，父母是孩子的榜样，要规范孩子的行为，关键还在于父母自身。

然而，道理人人都懂，实践起来却困难重重。如今，不管大人小孩，都有一些不得不在手机上处理的事情。

赵笑律觉得，我们必须深入研究“手机依赖症”背后的本质问题。

蒙特克莱尔州立大学哲学系教授罗浩尔德在他的新书中指出，问题的关键其实并不在于手机本身，而在于手机背后代表的本质挑战。手机为我们打开了一扇随时随地遁入虚拟世界的大门。问题的核心并不是难以放下手机，而是过度沉迷于虚拟世界。智能手机正在侵蚀并杀死我们生活中那些真切的体验。

什么是真切的体验？哲学家给出的解释是，在从事某件事情的过程中，我们并不是被动地接受，而是在主动地应对。

例如，当你亲手搬起一块石头，便能真切地感受到它的重量。又如，你亲身体验一回生炉子，经历捡柴、点火、引燃等一系列过程，才更容易感受到温暖。如今许多孩子根本没机会真实体验这些，他们习惯了只要轻触手机，远程操控空调，便可调节室内温度。

此外，现代生活的每个场景，都被手机无孔不入地渗透着。人们习惯了一边看电影一边回复微信，一边聊天一边刷短视频，甚至已经忘记了专注地只做一件事是什么感觉了。

导演李安曾提到：拿着手机，每三分钟切换一次短视频，我们开始像 AI 一样思考，消磨我们作为人的感觉。

2016 年，一项针对 312 名韩国护理专业学生的研究表明，在学术环境中使用手机，27.9% 的人会出现分心现象，无法掌握关键的细节知识。

回到应对手机依赖的问题上。倘若不从根本上认识这一问题，那么很多数字排毒方法往往很难奏效，因为一旦陷入这种无意义的循环，单纯的戒断行为反而会加剧我们对手机的渴望。

实际上，当我们深刻认识到手机为何会让我们感到虚无、为何会剥夺我们生活的意义时，问题便已解决了一半。而另一半的解决之道，在于我们对真实世界的渴望。

赵笑律觉得，我们应当确立一个完全基于真实世界的目标。比如，将刷短视频的时间用于阅读优质电子书，让每一分投入都能提升现实中的自我。

大人可以以身作则，从一些小事做起：用餐时放下手机，专注地与家人交流；阅读时摒弃手机干扰，静心读完一个章节；散步时放下手机，与孩子一同感受春天的气息……

总之，我们应将关注点转移到真实体验和身边的人身上，而不是简单地与手机对抗。200 年前司汤达曾说：真实，残酷的真实，属于少数幸福的人。

天是蓝的，我却看不见。

花是香的，我却闻不见。

鸟在叫着，我却听不见。

风在吹着，我却没感觉。

…………

因为，我们的五感已经全部交给了眼前的屏幕。想一想，我们多久没在春暖花开的时候全身心地感受了？那匆匆忙忙的身影、红绿灯前的川流不息、争分夺秒的景象，已然将心灵禁锢。

摒弃一个习惯，最好的方式并不是远离。因为强化记忆，只会让它更具诱惑力。

远离一个习惯最好的方式是建立新的习惯。这需要我们怀揣一些耐心，葆有几分动力，秉持一点探索精神，也需要有人相伴左右。

手机本身并无过错，它的确充满乐趣。毕竟那么多人研究出来吸引用户注意力的规则都是专业的。然而，世间是否存在其他趣事，能让我们探索未知、保持好奇，在真切的视听与感受中了解这个拥有无限可能又有些混沌无序的真实世界？

手机世界里的完美与不完美皆被极致呈现，否则难以引人关注；而现实大多平淡无奇，虽美好却如白驹过隙。

赵笑律在得到 App 课程“如何培养亲近自然的孩子”中听到一个斩钉截铁的答案：大自然是把孩子从电子产品拉回真实世界的唯一手段。

人类从原始社会走到现在，就是借助自然的力量繁衍生息。现在我们也需要借助自然的力量，帮孩子建立与真实世界的链接。

亲近自然是孩子的天性，在和自然的互动中，孩子不仅注意力会更集中，还能获得全方位的成长。

奥克兰大学围绕“幼儿和自然的连结”这一主题，调查了来自 493 个家庭的 2~5 岁的孩子。结果表明，那些亲近自然的孩子更能表现出分享、合作、关心、助人等对别人或社会有益的行为，同时，他们出现多动、情感和行为障碍的概率更低。

多带孩子去大自然、去博物馆、去参加各种活动吧，让他们和真实世界亲密接触、热情相拥！每个人都不是孤岛，孩子并没有我们想象的那么脆弱，别等到局面不可挽回的那一刻才追悔莫及。

小时候在自然里获得的滋养，会化作孩子长大后内心持续不断的动力，让他们在漫长的人生路途中，不会因为挫折而轻易放弃，也不会因为困难而躁动迷失。

4. 家庭教育：高质量的陪伴

从高配社区到自然教育，赵笑律一直在努力突破物理属性的局限，探寻大河桃源独特的精神标签。

这一次，他把注意力放到了社区的儿童乐园上，因为周边工厂的很多上班族像大多数中国家长一样，在陪伴孩子成长方面存在着遗憾。赵笑律也不例外！

据统计[①]：

> 有83%的孩子认为母亲陪伴自己更多，只有9%的孩子认为父亲陪伴自己的时间更长。
>
> 只有23%的父亲，陪伴孩子做过功课。
>
> 有53%的父亲，没有参加过孩子的家长会。
>
> 有42%的父亲承诺过陪孩子，却因为临时有事而推迟或取消计划。
>
> 只有36%的父亲能保证，一个星期有5天在孩子睡觉前回到家，有40%的孩子在睡前无法见到家长。

工作压力大，是家长陪伴孩子时间不足的主要原因。

在中国，父子关系通常比母子关系更为疏离，且父亲陪伴孩子的时间远远少于母亲。大部分孩子对父亲心存不理解与埋怨。

作为一名职场打工人，赵笑律对此感同身受，事业和家庭难以两全是很多家长心中挥之不去的遗憾。

正如《大梦》这首歌中所唱：我已三十八，孩子很听话，想给她多陪伴，但必须加班，该怎么办？柴米和油盐，学校和医院，我转个不停，赚不到更多钱，该怎么办？我像部机器，不能停歇，该怎么办？

大河桃源与山水比德进行景观规划讨论的时候，双方深入交流后达成共识：小区园林设计必须兼具功能价值与情绪价值，要实现“人在景中，景为

① 数据来源于长隆集团2014年《中国家庭亲子关系调查》纪录片。

人用”的交互式景观设计，既不能徒有其表，也不能只重实用而忽视美感。

儿童乐园正是这一设计理念的结晶。

著名的蒙氏儿童教育体系的核心观点就是，为孩子成长打下良好素质基础的关键在于：深入研究和了解孩子，遵循他们的敏感期规律，激发他们的潜能，让他们在宽松、愉悦的环境中培养独立、专注和创造等能力。

大河桃源依据孩子的发育特点和活动需求等，对儿童活动场地进行了分龄设计，为不同年龄层的孩子“量身定制”游戏空间，围绕主器械打造中大龄孩子活力探险区、低幼龄孩子成长活动区和看护区。

通过不同模块的组合，大河桃源真正做到了以孩子为中心，为他们打造了一个可以独立“做自己”的小王国。

0~12 岁，每个年龄段的孩子都可以在这里找到适合自己的游戏空间。从跳格子到绘画墙，逐步培养孩子的运动和想象能力；摇摇马可以满足孩子爱玩的天性；儿童乐园的器械可以满足孩子攀爬、滑滑梯、探险的需求。

大河桃源还设置了儿童看护座椅、童车停放处，以及大人的健身器材，为看护孩子的家长提供便利。看护空间的设置，符合 5 米安全距离的要求，家长能快速到达孩子身边，守护孩子成长的每一步。

常言道：好社区胜过好学校，好玩伴胜过好老师。大河桃源儿童乐园的最大意义，在于以“儿童”为核心，促进了社区内人与人之间的交流互动，成功打造出了儿童友好型社区。

此外，大河桃源还将儿童乐园按原比例提前呈现在了售楼部旁边，方便客户随时带孩子游玩体验。

大河桃源儿童乐园效果

在地产行业的下半场，家庭教育已然成为一种“新刚需”。与其一味追逐学区房的政策红利，不如深入挖掘“陪伴型社区”的长期价值。毕竟，最好的教育，往往藏在回家的路上。

大河桃源不仅精心规划了儿童乐园，在整个社区的植物景观上也独具匠心，大量运用花境营造手法，构建起一个完整的多年生草本花卉生态系统。

经过一到两年的悉心养护，该生态系统会逐渐成熟。届时，四季更迭，社区内将繁花似锦，孩子们在嬉戏玩耍的过程中，能够深切感受到生态系统的奇妙，见证生命的蓬勃生长，同时储备丰富的植物知识。在家门口就能上植物课，真是再好不过！只有和种子做过朋友，才能真正知道果实的分量！

当然，陪伴教育并不只是简单的“陪着”这么简单。许多家长错误地以为，孩子在儿童乐园玩耍时，自己在一旁刷手机就是陪伴，实则人在心不在。真正的陪伴，应当是全身心投入孩子的世界，和孩子打成一片。

陪伴教育，不仅体现在小区里，还应延伸到家里。

在有的家庭中，妈妈在厨房忙碌做饭，爸爸躺在沙发上玩手机，孩子则在自己的房间打游戏。一家人虽然共处一室，但缺乏陪伴和交流，没有共同参与的活动，也没有共同探讨的话题。这样的家庭氛围，更像是室友，夫妻关系如同上下铺的兄弟，缺少家庭应有的温暖和互动。

赵笑律清晰地记得，日本著名作家、诺贝尔文学奖获得者大江健三郎曾描绘过这样一幅温馨的画面：

> 大江坐在沙发上，用钢笔在稿纸上写作；离他几米的地方，他的儿子，一位才华横溢的音乐家，正戴着耳机，沉浸在电子钢琴的旋律中进行创作；不远处的厨房里，妻子正在精心准备一家人的晚餐……

这便是家的真谛所在。家人之间保持各自的节奏，互相影响，又能在各自的领域进行创作与学习。这样的家庭空间，能够最大限度地激发创造力，是典型的“具备创造力的家庭”。

高质量的陪伴，既可以是一家人携手完成一件事，也可以是围绕共同的话题畅聊，还可以是彼此间进行精神层面的深度交流。

再看大河桃源的户型，采用了当下流行的大宽厅设计，不仅采光通风俱佳，能让新鲜空气持续充盈屋内，使人身心倍感舒适，还能灵活打造更多功能空间，如将客厅与开放式书房相结合，让一家人既能保持适度距离，又能进行开放式交流。大家专注于自己的事务，同时知晓彼此的位置，从而获得安全感。显然，这样的家庭氛围是轻松融洽的，即便都不言语，也温馨美好。

这样的住宅，在《打造自主学习的住宅》一书中，被赞为“培养聪明孩子的住宅”！

李笑来老师说过：家长把所有时间花在陪伴孩子上，不是必需的。因为高质量的陪伴，是有头有尾的陪伴、有始有终的陪伴。完成一件事的陪伴，甚至将来完成一个项目的陪伴，才是真正意义上有质量的陪伴，至于陪伴时间有多长，并不重要。

许多家长为生计奔波，误以为给孩子优渥的物质条件、报各种辅导班便是尽到了责任，直至孩子变得孤僻、叛逆，才惊觉那些错失的相处时光，已然如流沙般难以把握。

家长们可曾想过，你能陪伴孩子的时间到底有多久？ 0~3 岁，你是孩子的整个世界；4~12 岁，你是孩子夜晚的陪伴；13~18 岁，你是孩子周末的守候；19~23 岁，你是孩子寒暑假的期盼；23 岁以后，你仅仅是孩子春节的归处。

人生漫漫，童年短暂！请珍惜陪伴孩子的每一分、每一秒！

无须时刻相伴，只需相伴时全情投入。

父母给予孩子高质量的陪伴，才是最好的教育。

5. 精神标签：儿童友好成长

儿子：妈妈，我周末能回姥娘家玩吗？

我：妈妈最近加班，没时间呢，过几天可以吗？

儿子：可是你都忙了好久了……

我：你为什么这么喜欢姥娘家？

儿子：姥娘家有很多好玩的，在家只能在家里待着，小区里也没什么好玩的。

我一时无言以对，屏幕闪烁的办公桌前，确实已经数不清有多少次缺席了他的篮球课……

儿子：妈妈，要不把你上班那儿的大滑梯搬到咱们小区吧，那个可好玩啦。

我：好，或许我们该考虑换一个新家了。

儿子：真的吗？太好了，一定要有大滑梯呀！

…………

这段对话发生在大河桃源的周例会上，销售经理展示了她儿子的日记本，稚嫩的笔迹记录着孩子对游乐场的思念：妈妈单位的滑梯比乐高还好看。这位平日雷厉风行的职场女性，当时眼眶泛红——她读懂了孩子，那些看似任性的要求背后，藏着对高质量陪伴的深层渴望。

还有一对令人揪心的夫妻：40 岁的企业家丈夫与全职妈妈。他们居住的小区园林景观很一般，客厅里 5 个孩子人手一部手机，妥妥的“电子保姆式带娃”。他们看中了 173 平方米的顶复，对大河桃源的全龄化生活空间颇感兴趣。在洽谈区，这夫妻二人一直盯着案场关于“自然缺失症”的展板，一边阅读一边交流，对儿童陪伴的理念深表认同。

这种焦虑普遍存在于周边工厂“996 工作制”的上班族中——大多父母日均陪伴孩子不足 1 小时。周边竞品仍在主打“人文 + 公园”这类注重物理属性的诉求，却忽视了当代儿童最为迫切的需求——在钢筋水泥浇筑的楼宇中，重建与自然的连接。

大河桃源恰好能够提供这种家庭公园式的高配生活，可以让父母更多地陪伴孩子，弥补对他们的亏欠。

与其更好，不如不同。套用三元定位法，客户的需求、项目具备的特质，以及市场空白或者不足之处，三者的交集，便是大河桃源的机会，也是大河桃源的项目定位。

基于以上分析，赵笑律果断地将大河桃源定位为：

徒骇河畔·中华路旁·儿童友好陪伴社区

广告语他也直接选用了一句令人印象深刻的大白话：

不想委屈孩子 就住大河桃源

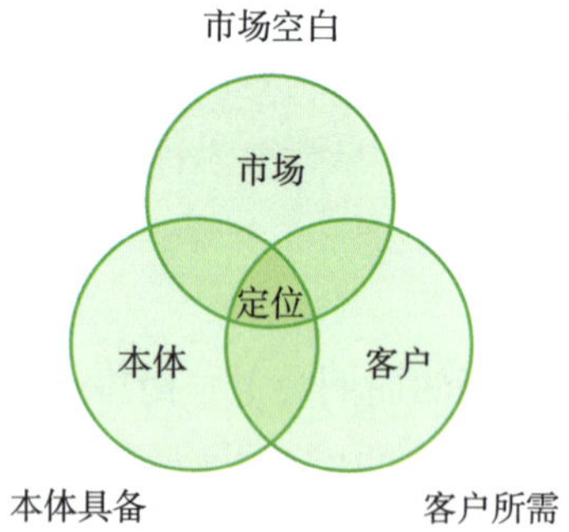

三元定位法（详见《地产营销力》）

有的项目，意在取悦你两个礼拜；有的项目，认真取悦你十年。

从自然教育到陪伴教育，再到最终的儿童友好陪伴社区，大河桃源以“儿童”为原点，打造 0~12 岁儿童乐园、约 15000 平方米中央景观花园，更多宽厅阳台、更大楼间距，规划更多社交空间，给孩子营造最理想的健康成长环境。

大河桃源有三强，景观、户型、陪伴长！

接下来，赵笑律又梳理出大河桃源的四大教育体系——陪伴教育、健康教育、自然教育、学霸教育，以有效解决家庭陪伴与教育问题！

陪伴教育
0~2岁梦幻星球乐园
6~7.5米别墅级巨幕宽厅
超15000平方米中央景观花园

健康教育
社区户外活动草坪
约550米社区森氧跑道

自然教育
徒骇河风景区
橡胶坝公园

学霸教育
实验三小、外国语、东昌中学、三中等15年全龄教育

大河桃源四大教育体系

机缘巧合之下，大河桃源凭借“儿童友好陪伴”的精准定位，逐渐在市场崭露头角，无意中竟然和聊城打造儿童友好城市的愿景不谋而合。

赵笑律查阅资料后才知道，早在2021年，国家发展改革委就联合22部门印发了《关于推进儿童友好城市建设的指导意见》，旨在推动城市环境和社会资源在协同育人方面发挥更大作用。如何借助国家政策和社会变革的力量，提供更好的发展环境和公共服务，对于协同育人至关重要。

在探索“儿童友好”社区与城市建设的标准和路径方面，可做出以下努力：

第一，推动公共空间适童化改造。从儿童早期活动特点和安全保障需求出发，对社区交往空间、公共服务设施、城市休闲空间、街道活动空间等进行改造，推进婴幼儿活动场所的无障碍建设与改造。

第二，健全儿童友好社区和儿童友好城市的评选机制，探索城乡和不同类型社区的儿童友好标准与规范，表彰并推广一批儿童友好典型案例。

第三，推动农村地区儿童活动场所建设，结合农村留守儿童关爱工程、“美丽乡村”建设等项目，因地制宜打造儿童成长乐园。

在具体实施路径上，建议推行“五个100”计划：加快建设100个“儿童友好城市”，评选“儿童友好城市”示范城市、示范区、示范社区；推广100个公共空间适童化改造经典案例；推广100个儿童城市中心公园案例；推广100个乡村儿童成长乐园案例；推广100个儿童社会参与案例。

在山东省，创建儿童友好城市的行动已经悄然启幕。越来越多的城市开始从儿童视角审视和建设家园，被誉为“江北水城”的聊城，成为这场温馨行动的先锋。

在国家推进儿童友好城市建设的政策指引下，聊城市印发《聊城市儿童友好城市建设方案》，构建起“1个建设方案 + 1个行动计划 + 9个指引导则”的完善的政策支持体系。市、县两级均建立工作机制，实施儿童友好“双百”工程，形成“一县一场景、一区一品牌”的全域推进格局，进行顶层部署，

以科学方法指导实践。

为了更高效地推进儿童友好城市建设，聊城市将市妇联纳入国土空间规划委员会，制定试点单元入库标准，打造 102 处社区、30 处公园、158 处公共体育场馆、61 处研学基地以及 42 处阅读空间。聊城将以赤诚之心全力推进儿童友好城市建设，让儿童友好成为江北水城温暖的城市底色。

“童”享友好，共话未来！聊城市儿童友好城市建设的美好愿景，恰是大河桃源的生动写照。这份冥冥之中的缘分，无疑为大河桃源注入了城市维度的强大能量，也让贺皮久和赵笑律满怀信心——他们的目标是将大河桃源打造成“聊城儿童友好社区”的标杆。

赵笑律偶遇晨晨一家，是在徒骇河边。

他还未来得及停好自行车，周女士便放下手中的风筝，热情地跟他打招呼。晨晨则在沙坑里自顾自地玩耍。这位曾经焦虑的母亲笑着说：“现在他痴迷于沙子，还喜欢收集各种石头、树叶……”

原来，能治愈“自然缺失症”的并不是药方，而是一片能容纳野花的草地，以及一群允许孩子尽情撒野的大人。

最好的亲子教育，不在培训班的玻璃房里，而在弄脏的球鞋、沾着草汁的笔记本、共同等待一朵花开的晨昏里。

大河桃源默默守护着这些闪耀微光的瞬间——因为赵笑律深知，最珍贵的配套，是让孩子笑着流汗和肆意弄脏的童年。那些藏在泥巴里的笑声，终将在某个春天，成为亲子间最坚固的情感纽带。

暮色渐浓，橡胶坝公园的星星灯亮起。一对父子坐在观景台上吃着三明治，没有手机和耳机的干扰，那些曾被 Wi-Fi 信号阻断的对话，此刻正乘着晚风，越过波光粼粼的河面，飘向遥远的星空。

6. 价值观：富养自己　高配人生

大河桃源为孩子提供了自然教育和陪伴教育，那么它对成年人又意味着什么呢？这是赵笑律内心始终在追问的。

贺皮久在微信上分享了一篇推文，赵笑律点开仔细研读，内容是“公园20 分钟效应”。

《国际环境健康研究杂志》揭示了一个看似简单却颇具神奇色彩的生活现象：即便不进行任何运动，只是每天在公园里停留 20 分钟，也能使人状态更佳。

没错，哪怕只是简单地在公园里散个步，抑或在静处发呆片刻，都能收获良好的效果。

赵笑律进一步查阅资料后发现，早在 100 年前，民国“大 V”梁启超就提出了类似的观点。

戊戌变法失败后，梁启超流亡海外，当他看到纽约中央公园坐落于市中心时，深感震惊。他曾言：“一日不到公园，则精神浑浊，理想污下。”

梁启超倡导“新民”理念，认为公园不仅能让人们呼吸到清新的空气、增强身体素质，更能发挥启蒙作用，助力人们在道德与智识层面取得进步。

公园，是大部分人最容易接触到的自然环境，对他们而言，逛公园无疑是最好的解压方式。

与城市建筑的压迫感和街道的喧嚣不同，公园里的绿地、溪流以及开阔而不被遮挡的天空，都能为我们提供难得的自然一隅。而自然环境，能给我们带来许多好处。

许多研究发现，接触更多公园、林地、海滩等自然环境的人，拥有更健康的身体和更高的幸福指数。一项在英国进行的研究发现，一周内接触自然环境超过 2 小时的人，无论健康状况还是幸福水平，都高于那些没有接触过大自然的人。

这种积极的影响，可能是因为公园环境能让长期待在室内的人接触到更多光照，也更容易达到较高的体力活动水平，这两者都对身心健康有好处。

另一项在北京进行的调查则发现，有逛公园习惯的人，每天在公园里逛一逛，就能达到一天的最低体力活动水平。

此外，公园良好的环境也会让人们更容易进行一些简单的锻炼——毕竟，公园往往都有各种锻炼设备。

即使你不加入公园锻炼大军，只是单纯地坐在公园里发呆，也大有裨益。

许多针对自然环境与压力的研究发现，多在自然环境中活动，压力水平会明显降低，而且与恐惧、应激、压力等相关的杏仁核也会更不容易被激活。也就是说，公园不仅能帮助我们舒缓压力，还能让我们更不容易产生新的压力。

在城市中，人们每天穿梭于办公室和住所之间，生活单调重复，极易丧失对周围事物的感知能力，只能过度关注自身，从而陷入负面情绪的泥沼。

当我们身处没有天花板的自然环境中时，那些烦恼与痛苦便会变得不值一提，仿佛一阵风就能将其吹散。清空负面情绪后，积极情绪便有了生长的空间。

根据心理学家Kaplan夫妇提出的注意力恢复理论，在远离日常生活环境，且具有延展性的空间内，做一些符合我们内在动机的活动，并获得一些柔和的刺激，有助于恢复注意力。

公园恰好是我们身边最容易抵达，且具备远离日常（Being Away）、空间延伸感（Extent）、和谐感（Compatibility）和独特魅力（Fascination）四大特征的理想之地。

很多人未曾留意，实际上我们的注意力也是一种有限资源。当我们身处城市，身边的人、事、物几乎无时无刻不在制造“信息噪声”，不断消耗着我们的注意力。

公园堪称城市中少见的信息空白地带：鲜少有声，只有风吹动树叶的沙沙声，鸟儿在树梢的鸣唱声，以及河水流淌的潺潺声；即使偶尔有人声，也不过是老人锻炼时的呼喝与孩童游戏时的欢笑，而这些声音会在绿树的层层阻隔与吸收下，显得格外悠远。

在这样平和的氛围中，放松舒适的感觉油然而生，我们更容易进入放空的状态。高速运转的大脑得以短暂休憩，注意力资源也得以重新积累。

大河桃源的容积率低至 2.4。有研究发现，每降低 0.1 的容积率，楼间距就会增加 2 米，日照时长会增加 15 分钟，小区会新增 100 棵树木，绿地率会提升 1%，同时受邻居噪声干扰的概率会降低 20%。大河桃源的绿地率高达

35%，属于低密度建筑规划，确保了小区内的居民拥有足够的活动空间。

南北轴线与东西轴线构成了小区内部两大核心景观——入口仪式感景观和内部中央核心景观。这两大核心景观连通，形成了超 15000 平方米的超大中央景观花园，小区内每户居民都能尽情享受这一美景。

15000 平方米的社区花园究竟有多大？约等于 7500 棵果树的占地面积，慢跑一圈大约需要 10 分钟，相当于 2 个标准足球场或 4 个标准篮球场的大小。超尺度的中央景观花园，不仅能让你畅享更多的通风与采光，还能让花园的繁茂景色尽收你的眼底。同时，多方位、多层级的空间布局，能够全方位满足业主的游玩、娱乐和生活需求。

总体而言，如果社区缺乏社交场景和第三空间，即便房子再高档，其功能也仅仅局限于回家吃饭和睡觉。大河桃源在社区内精心打造了供儿童、中年人、老年人社交或独处的场所，让回家宛如一段穿越花园的旅程。

人们下班回来，进小区后不用急着上楼，因为社区里有很多场所可以和家人一起消磨时间。住在这样的社区，楼下的中央景观花园和紧邻的徒骇河、橡胶坝公园就是最好的“诗和远方”。回社区但未必回家，这就是大河桃源园林体验的精髓。

徒骇河和橡胶坝公园，对孩子来说，是童年与自然联系的纽带，而对大人来说，则是去“班味儿”、治疗“城市病”的良方。

社区外，宽宽的徒骇河，美美的享受；社区内，宽宽的楼间距，大大的中央景观花园；家门内，宽宽的客厅，大大的阳台……

人最好的状态，就该像河水一样，时常平静，偶尔荡漾；人真正的富足，也该像河水一样，高配家人，丰盈自己！

我们不能改变生命的长度，却可以改变它的宽度。富养自己，高配人生，在大河桃源，生活的质量，由宽开始！

《杨绛传》里有段话：人到中年，最好的状态就是，低配你的生活，高配你的灵魂，年龄只是符号，把生活调到你喜欢的频道，每一段时光都藏着不可复制的美好。

如果把人生比作一辆汽车，那么人生观、价值观、生活方式等，就是汽车的配置。

而高配的人生，就是提升自我认知，打开格局，建立良好的价值观，进而追求有质感的生活、和睦的家庭、平和的心态、丰盈的灵魂……最终，活出自己喜欢的样子，活出理想的状态。

房子，是生活的珠宝盒。大河桃源拥有极致产品主义的外表，以及极致生活主义的灵魂。约 17 万平方米家庭公园的高配规划，让大河桃源的生活质量有了更宽的标准！

更大面宽、更大楼间距，你和别人享受阳光的时间拉开了！

更多宽厅、阳台，南向主卧、次卧，你家和别人家室内的明亮拉开了，视野也拉开了！

更多社区社交空间，你、父母、孩子、宠物之间的自由度拉开了！

富养自己，高配人生！现在的你和从前的你，距离也拉开了！

总之，拓展生命的广度和宽度，大河桃源拉开了一切！

7. 区位图：产、商、居一体

确定了大河桃源的营销策略之后，对赵笑律而言，关键任务就是打造超级案场了。

依然紧密围绕“灵魂三问”展开：为什么买区域？为什么买项目？为什么现在买？

首先要解决的便是“为什么买区域”的区位图问题。

从名筑印象项目算起，赵笑律已经在聊城生活快一年了，他对这座城市也有了更深入的了解。

大河桃源所在的开发区，在2008年就被山东省政府列为省级高新技术产业开发区，2013年又被国务院正式批准为国家级经济技术开发区。可以说，开发区堪称聊城经济发展的“压舱石”，在城市发展进程中发挥着举足轻重的作用。

聊城市的整体发展战略是“西拓南展，东优北延”，形成了“一城、五区、多组团”的城市功能布局。这“五区”分别为中心生活服务区、北部工贸物流区、西部高铁新城、南部旅游商贸区、东部产城新区，每个片区又由多个功能组团构成。

开发区隶属东部产城新区。东部产城新区由以综合性公共服务、生活服务、工业、商贸物流和高等教育等为主体的多个组团构成。

俯瞰聊城城区东部，一座产业新城、创新高地、活力之都正在崛起。从最初仅有6.8平方公里、包含64个村庄的弹丸之地，发展为如今占地126.6平方公里的产业新城；从启动资金仅有100万元到2022年地区生产总值突破180亿元，跃居聊城第一；建成区面积由2012年的18平方公里大幅扩展至35.2平方公里；财政收入从建区之初的275万元飙升至如今的22亿元以上……开发区用一串串令人瞩目的增长数据，彰显其迅猛发展的强劲态势。每一次配套的落地，都促使其面貌实现质的飞跃，区域价值得到显著提升。

如今，开发区企业数量已达23064家，相较于2012年，增长了10倍之多；注册资本总额突破1562.5亿元，较2012年增长了12倍；居民小区数量也增加到近100个……历经近30年的砥砺奋进，开发区已成功跻身国家级出口宠物食品质量安全示范区、全省对外开放先进园区、科学发展园区、省级小企业创业辅导基地、省高端装备制造产业园区之列，处处洋溢着宜业、宜居、宜人的现代化新城魅力。

依据《聊城经济技术开发区控制性详细规划》，到 2030 年，开发区规划范围内人口规模将达到 39.3 万人。届时，开发区将成为以现代工业、商贸、物流为主导产业，生产和生活性服务配套完善的绿色低碳、生态宜居强区，全力打造“创新创业新高地、宜商宜居新城区”，奋力谱写国家级开发区高质量发展的生动答卷。

开发区目前的规划呈现出“一心、一廊、两轴、三区”的格局，而大河桃源正处于开发区重点发展区域。

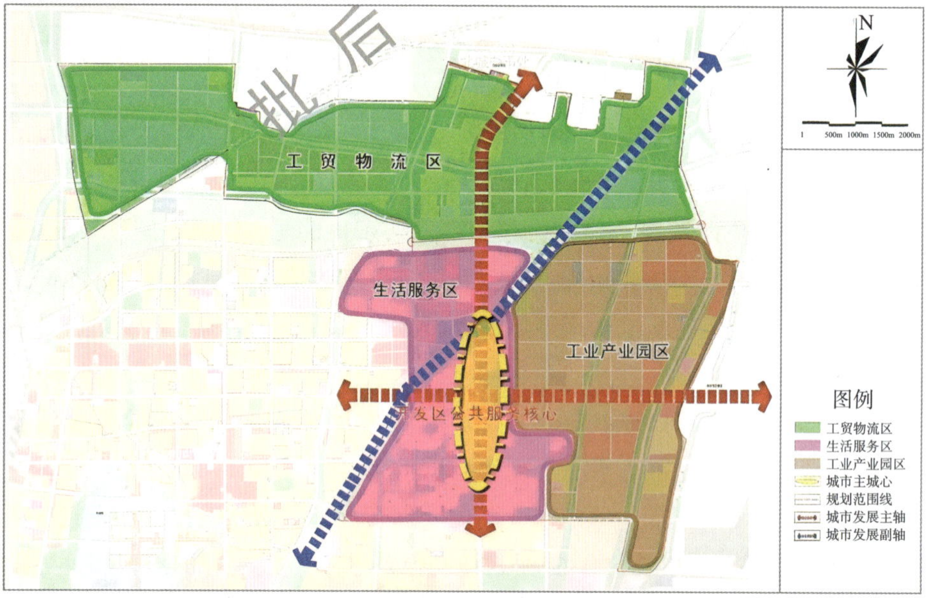

聊城开发区规划

先来说说这“一心、一廊、两轴、三区”。

一心，是指东昌路与中华路交叉区域的开发区公共服务核心。这里集中布置了开发区的商业商务中心、文化中心、体育中心、教育中心。

一廊，是指开发区内沿徒骇河形成的展现现代都市风貌、多样水岸景观的生态休闲绿廊。

两轴，是指以东昌路和中华路为开发区城市功能空间发展的两条主轴线。

东昌路空间发展轴是沿东昌路形成的东西向生活性商业办公景观轴线。中华路空间发展轴是片区南北向空间发展轴，串联体育休闲区、商住混合区、生态绿化区和商务办公区。

三区，是指规划区北部的工贸物流区、中部的生活服务区和东部的企业园区。工贸物流区是指济聊高速以北、古运河以东的区域，以商贸物流、农产品物流为主导，配套建设生活居住区。生活服务区是指黄河路以北、庐山路以西、鲁化路和徒骇河以东、济聊高速以南的区域。该区域围绕开发区公共服务核心布置生活居住区。企业园区是指庐山路以东、济聊高速以南、黄河路以北的区域。该区域是以生物科技、金属材料深加工、新能源汽车等为主导的工业园区。

大河桃源雄踞开发区中部的生活服务区，精准占位一廊、两轴的城市发展主脉络。经过 20 多年的蓬勃发展，开发区的各种生活配套已经相当完善，且环境优美宜人、交通便捷畅达，成功打造出产业、商业、居住（产业聚人、商业养人、居住留人）“三位一体”的标杆典范，能够全方位满足城市发展的多元需求。

这里对产业、商业和居住进行具体解释。

产业：入驻开发区的企业来自韩国、日本、美国、英国、西班牙、泰国及中国香港、中国台湾等二十几个国家和地区，涉及新能源、新材料、信息技术、生物科技、机械电器、纺织服装、食品加工等多个门类；国内外跨国企业集团有韩国希杰集团、中国香港华润集团、中国香港新基德电器有限公司、杭州万丰、浙报集团、英国康和生物、西班牙阿约贵、海南开维集团、中国香港王氏集团、中国台湾金隆纺织、美国麦迪夫等知名企业。

居住：橡胶坝公园、徒骇河风景区、小湄河生态湿地公园、聊城市体育公园等。

商业：振华购物中心、当代购物中心、国际金融中心、红星美凯龙等。

尤为值得一提的是，东部的产业园区有力地推动了整个东部片区经济的快速稳健增长，不仅带动了整个片区经济的繁荣，还提供了大量的就业机会。由此可见，这片区域前景广阔、繁华可期。

为什么说配套成熟区域的房价要高于配套不成熟区域？原因在于房子的价值取决于土地上的资源和配套。每个区域的发展都是从一片荒地、一纸蓝图逐步落地变成现实的。

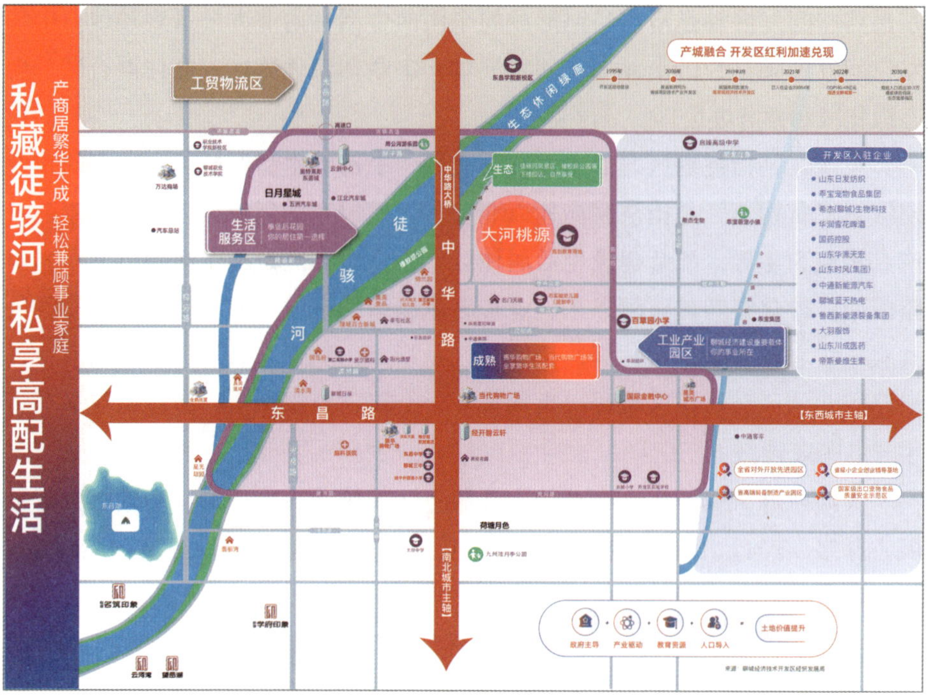

大河桃源区位图

大河桃源有一个置业顾问，家里开了三个汽修店，其中开发区的那家店生意最火爆，每个月业绩都稳居榜首。这是因为开发区人气旺，生活便利性很高，并且有浓厚的商业氛围。

总体而言，开发区实现了产业、商业、居住的有机融合，生活气息浓郁。企业园区是你事业的坚实舞台，生活服务区是你事业的温馨港湾，这里无疑是你居住的首选之地。

大河桃源恰好位于开发区的发展核心。对大多数客户来说，居住于此，既能轻松呵护家庭，又能从容兼顾事业。此外，这里道路畅通无阻，商圈近在咫尺，徒骇河美景尽收眼底，堪称完美的居住之所。

简而言之，私藏徒骇河，私享高配生活，大河桃源就是宜居宜业的理想之地。

8. 红蓝尺：如何让家显大

赵笑律花了两个小时的时间，一口气看完了《小家大变局》，之后立即把这本书列入了地产人必看书单，而且认为值得反复看！确切地说，这是一本产品经理必读书。从这本书里，赵笑律看到了住宅的三大发展趋势：空间显大、功能实用以及适老化设计！

《小家大变局》和另外三本“小家越住越大”系列，是“母子关系”，合称“‘住商’四部曲”。它们都采用了漫画的方式科普居住知识，堪称中国人自己的“居住宝典”。赵笑律看完，恨不得马上就把家拆了重新装修一番。

按照作者逯薇老师的观点，我国人口基数大、密度高，难以实现每户都拥有大房子，未来70~140平方米将是主力面积。

从这个角度来看，让小家显大，将是每个普通家庭的刚需。

毕竟，谁都想要个大房子，谁都喜欢听到亲戚朋友来做客时说：“哇，你家好大啊！”

从马斯洛需求层次理论出发，房子是资产和社会关系重要的折射，人们能从小家显大的结果中获得更多的社会认同和自我认同。

不过，赵笑律也发现，不只是小面积的房子不显大，很多大面积的房子也不显大。核心原因就是，房子被切分成了很多个独立的空间。

比如，60平方米的一房一卫和170平方米的四房两卫，哪个更显大？哪个更舒适？

房子再大，分割给很多人使用，人均面积就少了。一家人住在一起，像住集体宿舍，享受度还不如单身时的小公寓。因此，面积是绝对的，舒适是相对的，并不是说面积大、房间多就是高端住宅。

那么，究竟该如何在面积受限的前提下，让小家比原本显大呢？

浅色地板，通透隔断，LDK格局，低矮家具，细腿家具，无主灯，不做吊顶……这些都是正确而行之有效的方法。

但它们都是树上的叶子，是显大的表现。

那树的枝干是什么？显大的底层密码是什么？

小家显大，方法千千万，底层逻辑就一条——红蓝尺，视觉距离感决定显大程度。

红尺：住宅面宽方向上的最大视距尺寸
蓝尺：住宅进深方向上的最大视距尺寸

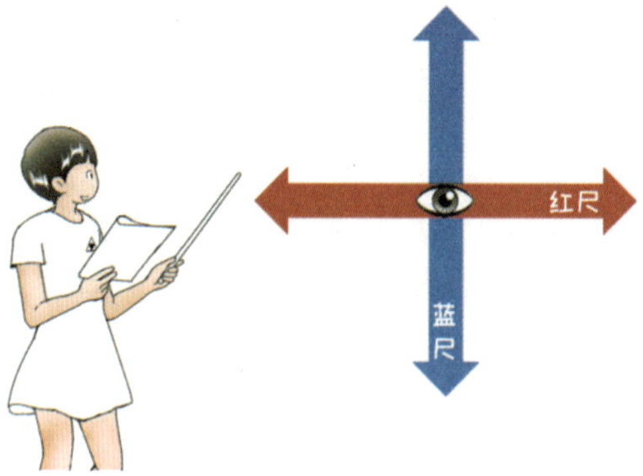

红尺蓝尺（源于《小家大变局》）

值得一提的是，红尺价值远大于蓝尺价值。红尺数值越大，意味着开间越大、面宽越大，则楼型越舒展、通风采光条件越好。当红尺数值达到 6 米以上时，就能营造出豪宅的视觉感受。现在流行的大宽厅户型，就是凭借较大的红尺尺寸，给人一种大宅的错觉。

需要注意的是，以下三种空间不计入红蓝尺范围：一是开放阳台，二是普通走廊，三是传统厨房。

在传统户型布局中，面宽的最大视距通常出现在客厅，所以红尺一般等同于客厅的净面宽，而蓝尺在多数情况下等于客厅加上餐厅的总进深。

大宅的错觉，来自超出预期的尺度感。

人们在潜意识里，对不同面积的房子对应的空间大小有着固有认知。当人们进入一个空间或看到相关照片时，若视觉尺度（主要指红尺）显著超出预期，便会产生大宅错觉。

通常情况下，人们依据固有认知，认为客厅或卧室等房间仅有一扇大窗。倘若出现两扇大窗，且红尺尺度接近常规客厅的两倍，人们便会本能地认为这是豪宅，而非小户型住宅。两扇窗会带来双倍的采光，通透的视线和流动的空气会显著提升小户型住宅的居住舒适度。

主流小户型的红尺数据为 3.0~4.2 米。

改善型竖厅户型的红尺数据为 4.2~5.0 米。

大平层横厅的红尺数据为 6 米以上。

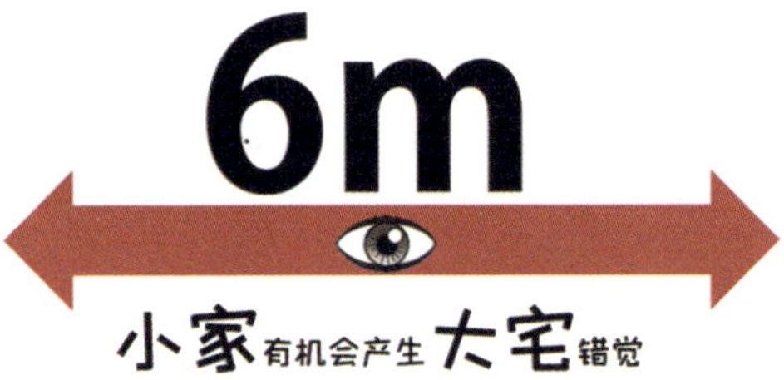

红尺会带来视觉错觉（源于《小家大变局》）

大河桃源的大宽厅设计，完美契合了红尺理念，营造出豪宅般的空间感。120 平方米的住宅，能给人带来 200 平方米的视觉感受，尽显豪宅风范，堪称整个开发区最优质的户型设计。

以最小的 109 平方米户型为例。该户型设计精妙，令人称赞，赵笑律尤为喜爱。

客厅与两个卧室并排布局，风水佳，寓意旺财旺人。户型方正，通风采光良好，空间利用率极高，还配备双卫生间，毫无空间浪费之虞。同时，大宽厅与大阳台的设计，极大地提升了居住的舒适度。此户型也被称为“元宝户型”。

值得一提的是，餐厅的开间达 3.7 米，足以容纳 8 人座餐桌、餐边柜以及双开门大冰箱。民以食为天，在宽敞的厨房中烹饪，无疑是一种享受。厨房与餐厅上下排布，既增加了厨房的采光面积，又提高了餐厅的使用效率。

此外，疫情之后，人们的存储意识增强，双开门冰箱成为标配。餐边柜既可作为爸爸的酒柜收藏区，也可成为妈妈的西餐烹饪区。各类小家电，如烤箱、空气炸锅、咖啡机等，均可有序摆放。

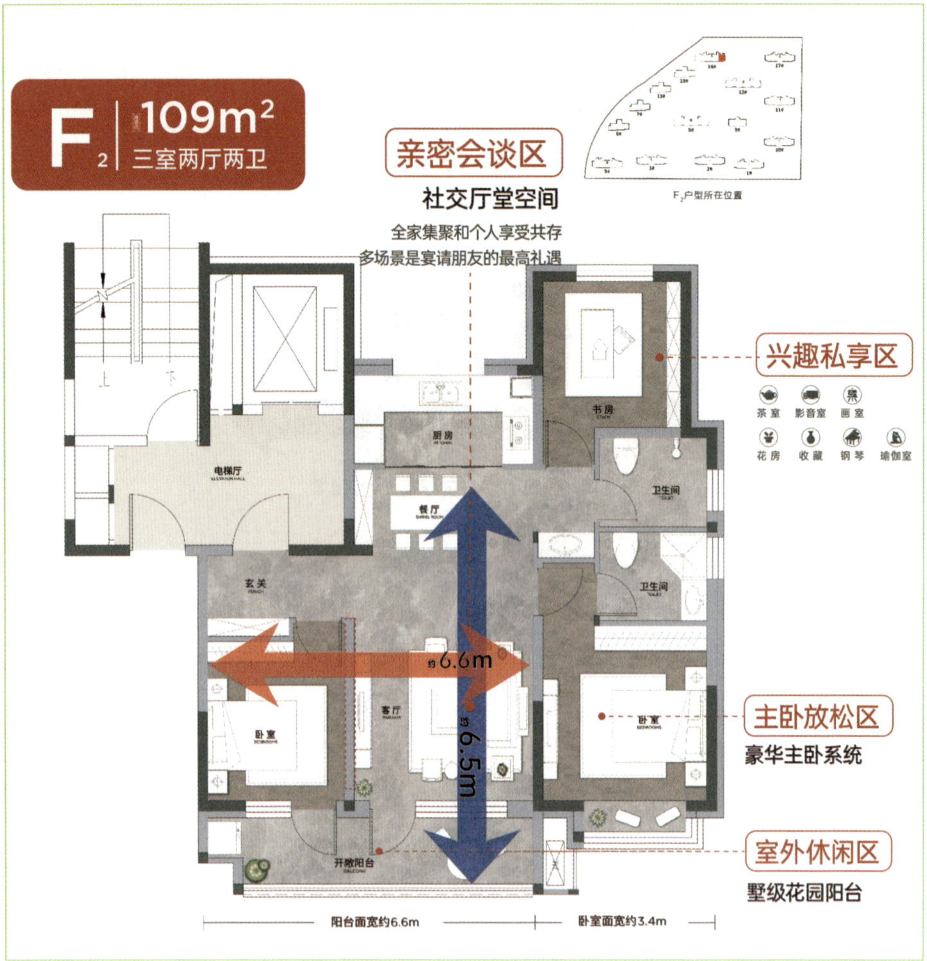

大河桃源 109 平方米户型图红蓝尺示意

若将南向次卧的非承重墙拆除，与客厅打通，可将客厅开间拓展至 6.6 米。如此一来，便能轻松在客厅打造两个功能区：传统沙发区和阅读学习区。客厅作为家庭活动的核心空间，理应宽敞明亮。未来，在家庭人口增加时，可从大宽厅隔出一间卧室，实现两房变三房的转变，即便父母前来同住，也能满足居住需求。

双阳台开间达 6.6 米，且与客厅连通，可将生活阳台改造成多功能休闲区。晾晒阳台与次卧相连，1.6 米的宽度足以放置洗衣机和晾衣架，可以合理节省空间。

主卧设有全景飘窗，可以凭窗远眺：春日苏醒，惬意满怀；夏夜纳凉，虫鸣相伴；秋时静赏，落叶纷飞；冬日闲观，白雪皑皑。不同的方向，展现迥异的世界；各异的角度，呈现别样的景致。由此可见，户型优劣，尺寸至关重要，切勿为不合理的设计买单！在大河桃源，即便 109 平方米的住宅，也足以相伴一生！

109 平方米的户型都能有如此出色的表现，大河桃源的其他户型更是值得期待。

住宅不是建筑师的“艺术创作”，也不是开发商的“商业产品”，而是普通人日常生活的“必需品”。

让小户型拥有大宅的视觉效果，核心逻辑在于营造大宅错觉，主要方法是以扩大红尺为主，辅以扩大蓝尺。

当然，显大只是手段，家庭融合才是目的。

那些显大的房子，往往都有完美的餐厨交流区，有能供多人一起学习办公的书桌区，或是有宽敞的亲子互动区……

让房子显大，其实是把分裂的空间整合起来，让住在家里的人更多融入公共空间，其乐融融地生活在一起。

9. 大地贴：可视化极致类比

在注意力稀缺的时代，如何让营销价值穿透视觉屏障直击人心，让客户一眼发现、过目难忘？

赵笑律给出的解决方案是：以超乎寻常的尺度构建感官记忆点，采用极致类比的方法将空间价值具象化。他借鉴了孙长毅老师的房讯内容智造，以“视觉核爆”的策略重塑了市场对大河桃源的认知。

例如，大河桃源社区主大门，凭借约 9 米的高度、约 44 米的宽度这一恢宏体量，构建起了城市级的地标界面。为了直观呈现这份震撼感，赵笑律引入“移动标尺”的概念：以一辆车身长度达 5.5 米的加长林肯作为丈量单位，这面大门横亘在眼前，相当于 8 辆加长林肯一字排开。这样的磅礴阵列，气派尽显，绝对是聊城的封面新作。

当业主驱车穿过这座“城市会客厅”，每一次归家都是礼宾级的尊崇体验，仪式感自此成为可触摸的生活日常。

在楼间距的较量中，大河桃源更是凭借航空级的视野，彻底打破了行业常规。

一架波音 737-100 飞机机身的长度是 28.6 米。那么，大河桃源 40 米的楼间距，能停下 1 架波音 737-100 飞机，再加 2 辆加长林肯汽车。

而 134 米的楼间距，差不多能停下 4 架波音 737-100 飞机、4 辆加长林肯汽车。毫不夸张地说，这绝对是聊城最大视野的楼间距。

大河桃源楼间距可视化展示

这不仅是数字游戏，更是对生活场景的颠覆。超阔无遮视野，容纳四季园林；超宽日照间距，确保光影舞蹈；超私密空间布局，构筑静谧结界。当许多人抱怨楼间距太小时，大河桃源的业主正享受着 IMAX 级中央景观花园的四季更迭。

赵笑律不仅让团队将这些价值点设计成了海报，还尽最大可能构建1∶1实体参照系，做成了大大的地贴直接贴在了售楼部，这样客户来了一目了然，极具视觉冲击力。恢宏的尺度感瞬间击穿心理防线，达到“所见即所信”的效果！

大河桃源阳台可视化展示

大河桃源横厅可视化展示

大河桃源餐厅可视化展示

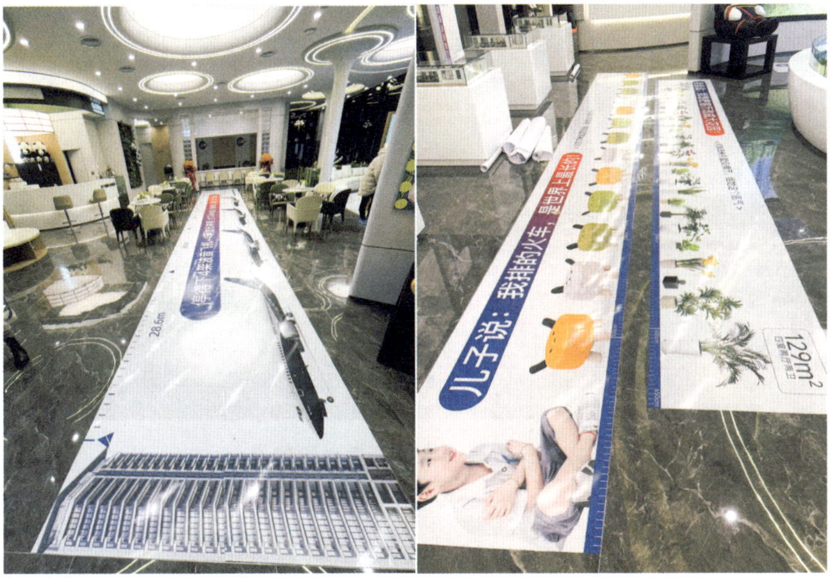

大河桃源地贴实拍

不仅如此，户外高速高炮广告也巧妙沿用了类比手法，伸展开来的长长的胳膊，极具吸睛效果，并把文案简化成了“宽宽的房　美美的河”。

在大河桃源的营销中，数据可视化兼具震撼力与记忆度，并通过“量化美学”的方法论，将抽象的建筑参数转化为具象的生活图景，为客户带来峰值体验，在其选择范围内，留下了不可磨灭的深刻印象。

大河桃源高速高炮广告画面

大河桃源高速高炮广告出街效果

10. A4 纸：富兰克林成交法

案场物料、销讲说辞、楼书《高配生活手册》等一应俱全，大河桃源的营销准备堪称完备。然而，其劣势也不容忽视，除了距离墓地较近、交房时间较晚，如今又增添了一项短板——缺乏实景展示区。

大河桃源的售楼部和样板间都是临时搭建的，这在房地产市场下行的现实情况下，确实很难让客户吃到定心丸，尤其是在竞品多为准现房、可以让客户眼见为实的情况下。

除去天然的硬伤，赵笑律绞尽脑汁，精心构思了针对大河桃源交房晚这一抗性的说辞，甚至还对项目的一些关键优势进行反复强调，以最大限度地吸引大客户。

（1）买房是人生大事，容不得半点将就。宁可多等两年，也要买自己满意的好房子，因为那是你家，里面住的都是你最心爱的人。

（2）我们是交房晚，但绝不是工期慢。事实上，我们的工程进度肉眼可见的快，您可以看看我们每周拍的工地视频。我们也很希望交房早一点，那样您就能早点住进这么好的小区了。但毕竟那是一套房子，必须按流程一步步地建，才能保证质量和安全。而且，我们买房子，要考虑的因素有很多。

比如，小区的品质是不是高端，景观园林是不是像公园，户型是不是大宽厅，地库是不是更高标准，小区是不是有更丰富的儿童乐园，能不能给孩子更多陪伴，住进去能不能让家人生活更幸福，等等。当然，还有我们开发商的品质……这哪一点不比交房时间更重要？

（3）房子的差别，归根结底是生活方式的差别。确实有的小区交房比我们早一些，但是我们的品质，绝对完胜它们。我们可以一条一条进行对比。无论是开发商实力、建筑立面、景观园林的打造，还是大门、人车分流、入户大堂、地下车库，抑或是户型实用性，我们都绝对碾压它们。因为我们把一、二线高端楼盘才有的生活理念引入了聊城，保证您的房子几十年都不过时。住大河桃源，能让家人生活得更好一点。希望您买房子是因为喜欢，而不是其他。

（4）您能忍受房子还没住就落后了想换掉吗？您能忍受小区绿化和场地太少，导致下楼没地方待吗？您能忍受户型局促不实用，导致一家人总是爆发矛盾吗？您能忍受自己上班时，孩子没地方玩只能窝在家里看电视吗？……

这些跟交房时间相比，哪一个不重要一千倍一万倍以上？在我们大河桃源，就不说徒骇河和橡胶坝公园这些离我们很近的生态资源了，单说我们小区的景观绿化，好得就像住在公园里一样。楼间距大得能停下好几辆飞机，而且都是大宽厅的户型设计，住在这样的房子里，有更多空间陪伴家人，家庭氛围自然会更和谐，这难道不是我们人生最大的意义所在吗？

（5）一套房子，您很有可能要住上几十年甚至一辈子，买房时怎么能只考虑交房时间这一个因素，而忽视了最正确的选择呢？

房子就像手机一样，会更新换代，很多楼盘刚交房就过时了。大河桃源设计的是最新户型，未来 20 年都不会过时。您想想，用一年的时间等好产品到底值不值。是不是时间相对也不长了？

如果您选择了大河桃源，5 年后，您肯定会感谢今天的自己，因为环境很好、房子很满意、家人住得也很舒心。关键是单价也很低，房子还有升值潜力，买到就是赚到。

理想很丰满，现实却很骨感。客户也许依然无动于衷，甚至反驳：“你是卖房子的，肯定说一堆好听的。”

人生一切难题，知识给你答案。赵笑律想到自己在得到 App 上听过的一门课程“跟叶云燕学保险销售：6 个快速成交法”，里面提到了一个卖保险的方法——对比成交法。

以保险销售为例，有些客户在面谈多次后，对产品并无重大异议，但到了签字缴费的关键时刻，却开始犹豫不决，甚至自己都不清楚在犹豫什么。这其实是人之常情。对于看不见实物，并且需要连续多年缴费，未来权益兑现又不确定的交易，人们掏钱时总会有所顾虑，本能地想多考虑一下，或者等等再说。

保险成交存在一个非常大的局限性，即难以直接刺激购买欲望，不具备消费敏感点。例如，在“双十一”“618”购物节期间，很多商家会推出特惠，客户看到价格实惠便会冲动购买；有些商家还会采用特惠的饥饿营销方法迅速激发客户的购买欲。但是，保险产品价格相对稳定，不存在限量一说。

那么，当保险计划书准备妥当、产品说明到位，如何在关键时刻促使客户快速做出购买决策呢?

最有效的方法便是“对比成交法”。该方法可操作性强，在销售过程中往往能立竿见影。

“对比成交法”也叫“富兰克林成交法”。据说，富兰克林在做重要决策前，会拿出一张白纸，画一条“T”形线，将白纸分为左右两部分，左侧列举做此事的好处，右侧列举做此事的坏处。如此一来，利弊得失一目了然，他便能快速做出更优决策了。

叶老师在保险销售中也经常采用这一方法。例如，叶老师向客户详细讲解完保险计划书后，客户表示：“方案确实不错，但毕竟每年需缴纳 10 万元保费，这可不是一笔小数目，我得慎重考虑一下。”此时，叶老师会说：“在您做决定之前，我可以帮您梳理一番。我们一同分析一下，倘若购买这份保险，会给您的生活带来哪些益处与弊端。我们客观地权衡一下，之后您再综合考量。”

通常情况下，客户是不会拒绝这一建议的。

紧接着，叶老师会拿出随身携带的笔和定制版 A4 纸，纸上印有叶老师的个人介绍和 Logo。一般客户会留存这张纸，这便成为传播叶老师个人品牌的契机。

拿出纸笔后，叶老师会效仿富兰克林，在纸上绘制一条“T”形线，将优点和缺点分别列于“T”形线的两侧。

首先，罗列左侧的优点，实际上就是购买保险能获得的权益。左侧的优点涵盖了高达 143 万元的重疾保障、185 万元的身价保障、400 万元的医疗保障等，共计 9 大项。当然，除了这 9 项，还可以将公司和自身能够为客户提供的服务添加进去。右侧的缺点，细数起来，不过是每年需将银行账户中的 10 万元转入保险账户，这甚至称不上真正的缺点，因为这 10 万元对客户的经济状况并没有很大影响；另一个缺点是每年损失的银行利息，按最高利率计算，也就 500 元。

买保险的优点	买保险的缺点
1.重大疾病保障 85万~143.45 万元 2.轻度重疾保障 17 万元 3.身价保障 185 万元 4.乘公共交通双倍给付 285 万元 5.医疗每年最高给付 400 万元 6.意外伤残保障 100万~200 万元 7. 满期生存养老金 78.46 万元 8.生命关爱终身账户 85 万元 9.现金价值领取：90岁 80.54 万元、100岁 85.47 万元	1.每年把银行里的10万元放入保险账户 2.每年损失银行利息最高500元

叶云燕保险对比（源自得到 App）

此刻，假设你就是这位客户，看到这样的对比，会作何选择呢？相信你心中已有答案。这便是将利弊量化呈现的优势，这种直观的对比极具说服力。

常言道，看待问题需辩证分析。然而，当正反两种观点在脑海中交织时，人们往往会很纠结，难以迅速做出判断。对比成交法可以帮助客户冷静下来，直面内心的摇摆不定，而且只需要在两者之间做出选择，成交由此变得轻而易举。

这一方法其实利用了人类共有的趋利避害心理。当我们对是否要做某件事犹豫不决，或者明知应当去做却有所抵触时，将这件事的利弊罗列出来，大脑便会进行权衡。最终，我们总能下定决心去做正确的事，或者克制自己不去做不当的事。

这一道理在生活中的其他场景同样适用。因此，在邀请客户进行对比之前，叶老师通常会以一个贴近生活的场景作为切入点。

若叶老师面对的是企业家客户，鉴于该群体通常所需保额较高，每年缴纳的保费也更多，部分客户年交保费甚至可达上百万元，如此重大的决策确实需要审慎考量。

此时，叶老师会跟客户说："我自己也带团队，在团队管理过程中，也会遭遇类似的难题。例如，当团队针对某件事产生不同意见时，我们该听谁的建议呢？较为开明的团队不会一味地服从权威，我作为团队领导，也不会要求下属完全听从我的安排。我会带领大家运用富兰克林对比法，列出方案实施后的优缺点。这一方法在团队管理中既安全又高效，往往能助力我们做出更具胜算的决策。”

客户听后，必然也会觉得此建议颇有道理。这时，叶老师便能顺理成章地将该方法应用于保险销售，推动交易达成。

倘若叶老师的客户是一位有孩子的母亲，当她对是否签署保险计划书犹豫不决时，叶老师会这样说：“我也是一个母亲，深知小孩子天性叛逆，在与他们沟通事情或让他们学习新事物时，他们常常会本能地抗拒，您或许也有过类似的困扰。遇到这种情况，我不会一味地给孩子讲道理，而是会采用富兰克林对比法，引导他自行思考。比如，我曾想让我儿子学习英语，他十分抵触，还闹起了情绪。他觉得我总是要求他做这做那，但这些事情并非出于他自己的意愿。于是，我让他运用富兰克林对比法，列出学习英语的优点和缺点。结果他自己列了许多优点，像增长见识、能观看国外动漫、结识外国小朋友等，而缺点仅仅是会牺牲一些玩游戏的时间。之后，他便清楚自己该怎么做了。我们成年人在面临选择时，同样可以借助这个方法。”

客户听完这番话，往往会立即在纸上开始记录。

赵笑律听完叶老师的课十分欣喜，这实际上是SWOT分析的一种变体，通过列出优势与劣势，让客户更直观地了解购买与不购买之间的差异。

赵笑律觉得这个方法适用于所有两难的选择，如买房、择校、择业等。在这些场景中，都可以拿出一张白纸，列出各个选项的优劣，然后挑选出综合得分最高的那一个。

当然，赵笑律也明白，即便客户了解大河桃源与竞品相比，具有国企品牌强、产品优质、自然教育和陪伴教育兼备等优势，仍会犹豫不决。实际上，这些对比并未触及客户最为关心的问题：“我是否真的要花这笔钱？”

对比成交法，作为应对两难选择的有效策略，能够精准激活客户的潜在需求。

赵笑律安排设计师设计了大河桃源版的“对比成交表”，并迅速组织团队培训。他要求每位销售人员先自行填写一次对比成交表，之后才引导他们如何带着客户填写。

当然，赵笑律也有疑问：倘若客户列出了很多缺点，这岂不等同于劝客户放弃购买？那样的话，我该如何促成交易？

填写人：

买大河桃源的优点	买大河桃源的缺点

不想委屈孩子　就住大河桃源

0635 888 8888 项目地址 徒骇河·中华路网红大桥东

大河桃源版对比成交表

叶老师教了一个小窍门，即避免引导客户寻找缺点。当客户列举“缺点”时，除非极其严重的问题，否则应保持沉默，不予记录。此外，即便客户需要你协助梳理，缺点一栏最多也不要超过三项。

实际上，项目的缺点往往屈指可数，无非就那几个，而项目的优点，因为每个人的感受不同，可列举的内容十分丰富。

当然，对比成交法是一种促成交易的有效手段，而非欺骗客户的把戏。因为无论是保险还是房产的优势，销售人员固然了解，但客户未必清楚。

对比成交法通过简单直接的列举，使客户更清晰地了解自身需求，从而做出决策。只要我们真心为客户着想，客户通常不会拒绝与我们达成交易。当然，买房毕竟是一件大事，没有人会随随便便做决定，我们也要给客户思考、比较和犹豫的时间。

人类作为视觉化的生物，往往更容易被自己看到的东西打动。对比成交法借助一张表格，将客户未来可享有的权益与可能付出的代价直观呈现。最终的购买决策由客户自主做出，而非销售人员的强行推销。

让客户明明白白、毫无顾虑地做出购买决策，是对比成交法的核心所在。

11. 迪香笑：每天开心效率高

自从考取了心理咨询师证书，赵笑律便时常关注如何运用心理学知识助力营销工作。这一次，他将研究重点放在了积极心理学上。

漫漫人生路，每个人都是航行者，前方可能是风平浪静，也可能是波涛汹涌。压力和负面情绪就如同那突如其来的暴风雨，虽不期而至，却也是航程中不可或缺的一部分。每个人都要学会调整自己，控制负面情绪，这并不是说要将它们彻底驱逐出境，而是要学会与之共舞，让心灵之舟在风雨中依然能稳健前行。

销售工作本就压力大，既要频繁与人打交道，又要背负业绩指标。因此，对置业顾问而言，控制好情绪非常重要。置业顾问的消极情绪不仅会影响整个团队的士气，还会像病毒一样侵蚀团队的战斗力。最重要的是，这种负面情绪还可能被客户敏锐地感知到，进而影响接待质量。

因此，如何激励整个销售团队全身心地投入工作，避免消极情绪，减少焦虑，营造欢乐的气氛，是一个亟待解决的问题。

赵笑律希望每个团队成员都树立这样的意识：当自身状态或情绪不佳时，立即进行调整。关键在于，要能够自主行动，而非借助领导谈话等外界干预。

通常，当有人感到疲惫、消沉时，我们会劝其"振作起来"。然而，这种劝告往往收效甚微。多数心理学自助方法遵循传统的"从认知到行为"的思维模式，让人改变想法说起来很容易，但实践起来困难重重。

积极心理学的研究成果表明，情绪本质上是个体基于身体反应、环境信息和过往经验构建起来的体验。

因此，当一个人情绪低落时，最简单有效的方法是改变其身体状态。

例如，闻香。嗅觉是唯一能绕过大脑认知、直接触发情绪反应的感官。闻香（如精油、花香、清新的空气）可刺激杏仁核产生愉悦感，使人迅速改善情绪。古人"君子佩香"和西方"闻玫瑰"的实践均基于这个原理。很多楼盘的售楼部都会放香薰，也是这个道理。

又如，我们可以到绿地中漫步，就像前文提到的在公园散步。一方面，身体的活动会促使认知自动调整，让人变得更加积极；另一方面，树木会分泌一种名为芬多精的化学物质，它不仅能杀灭有害细菌，还能缓解压力、愉悦心情，甚至增强肠道和心肺功能。所以，仅仅是到公园散散步这一简单的举动，都能显著改善情绪。

赵笑律通过阅读和学习，发现了另一种简单有效的改变身体状态的方法——迪香式微笑。

我们不妨一起做一个小实验。

拿出手机，打开相机，自拍一张照片。

看着你的照片，回答以下三个问题。

嘴角肌上扬了吗？
颧骨肌上提了吗？
眼角肌收缩了吗？

或者，问得再通俗一点。

牙齿露出来了吗？
脸部肌肉提高了吗？
眼周出现皱纹了吗？

若三个问题的答案均是肯定的，那么恭喜你，你展现出的是一种独具魅力与感染力的微笑，让人越看越心生欢喜，也越想报以微笑。这种微笑与礼节性的笑容不同，它是“迪香式微笑”！

科学家研究发现，人每发出一声笑，从面部到腹部约有 80 块肌肉参与运动；笑 100 次，对心脏血液循环和肺功能的锻炼效果相当于划船 10 分钟。

笑是人类的本能。婴儿出生一个月后便会自然地微笑，无须学习与模仿。即便双目失明的儿童，出生后无法看见他人的笑容，一个多月大时也会自然绽放笑颜。

然而，笑有真假之分，科学家为此专门开展实验加以验证。

1860 年，法国医生迪香通过电流刺激实验对象的面部肌肉收缩来激发某种情绪与情感，并以摄影记录每种情绪对应的面部肌肉活动。结果发现，真实的微笑不仅是微笑肌（附着于口腔和颧骨）受刺激使嘴角上扬，还会激活眼周小肌肉，致使眼周出现皱纹（俗称“鱼尾纹”）。这是一种发自内心的愉悦而纯净的笑容，极具感染力与亲和力。

职业性的伪装笑容则往往仅表现为嘴角拉伸，眼角并无笑意。这种笑就是人们常说的“皮笑肉不笑”，科学心理学上将其表述为“皮笑眼不笑”。

著名心理学家保罗·艾克曼为表达对迪香的敬意，将所有伴有眼角皱纹的真心微笑统称为“迪香式微笑”。

迪香式微笑是一种极为美好的表情，它是源自内心的真诚微笑，蕴含着开心、快乐、兴奋等积极向上的情绪。

迪香式微笑揭示了一个道理：人的真心快乐可通过表情展现，因为嘴角的笑容能够人为控制，而眼角的笑意却难以伪装。

那些一心想借助医美去除鱼尾纹的人，真是误解了它。从某种程度上说，若不想有皱纹，最简单的办法就是不笑，但如此一来，便与快乐渐行渐远了。

大量实验研究表明，拥有迪香式微笑的人更具感染力，在工作和生活中收获幸福感的概率更高，自我评定的幸福指数也更高。他们往往拥有更好的人际关系，生活也更加幸福美满。

著名心理学家达契尔·凯尔特纳对美国米勒学院 1960 届毕业生的毕业照进行分析，将照片中学生的表情分为习惯性迪香式微笑、镜头前佯装微笑和面无表情三类。

30 年后，他回访这些学生时发现，这三类表情的学生生活状况天差地别。那些习惯展现迪香式微笑的学生，在 27 岁时结婚比例高、离婚比例低，自我报告的幸福指数更高；而那些佯装微笑和面无表情的学生，大多已离婚。由此可见，微笑的技能和技巧能够助力我们家庭和睦、事业顺遂，这正是情商教育的价值与意义所在。

迪香式微笑的积极影响，同样体现在亲子关系中。

曼彻斯特大学心理学教授埃德·特罗尼克曾进行过一项名为“静止脸”

的实验。起初，一对母子热情愉快地互动，孩子显得十分开心。随后，特罗尼克让母亲进入“静止”状态，无论孩子如何举动，母亲都面无表情。察觉到母亲异样的孩子，先是尝试通过各种方式与母亲互动，但坚持两分钟仍未得到回应后，便大哭起来。

后续实验数据表明，在母亲毫无反应的几分钟里，孩子心跳加速，体内压力激素增多。若这种情况持续下去，孩子大脑关键部位的细胞甚至可能死亡。

这项实验提醒我们，孩子需要经常与父母进行愉悦的互动，父母的情绪反馈对孩子至关重要。基于这一结论，我们日常不妨多向孩子展露迪香式微笑，让他们感受到父母的关爱与关注，进而维系稳定的亲子关系。

大河桃源迪香笑展板

一个简单的微笑，竟蕴含着如此神奇的力量！

人的情绪起伏实属正常，但应学会运用科学的方法调整情绪，发现生活中的快乐瞬间。当我们感到不快乐时，只需要尽量上扬嘴角、露出牙齿，不必在意眼角的皱纹，便能有效缓解情绪，达到心理平衡。

每天迪香笑一笑，开心快乐效率高。赵笑律向团队分享完相关内容后，便设计了一块 KT 板放置在销售办公室，让每位置业顾问都能随时看到，团队每日的问候语也随之变为：

“今天你迪香笑了吗？”

倘若发现有同事情绪不佳，便可及时提醒他：

“来一个迪香笑吧！”

12. 超级案场：欢迎开启高配人生

通常，每家企业都有三种媒体类型，分别是付费媒体（Paid Media）、自有媒体（Owned Media）和赢得媒体（Earned Media）。

付费媒体，顾名思义，就是需要花钱才能上的媒体，如传统的报纸、户外广告，以及支持精准投放的百度搜索、今日头条等平台。

自有媒体，指企业自身的公众号、官网、抖音号、视频号等。企业应尽可能在各大流量平台申请账号，这些账号都有望成为极具价值的自有媒体资源。

赢得媒体，指并非企业所有，无须企业付费，由他人自发为企业进行传播的媒体渠道。微博、微信朋友圈、视频号等，都是借助移动互联网能够获得放大效应的赢得媒体。只要企业的内容优质到能让用户情不自禁地转发分享，就能获得大量赢得媒体传播，这堪称传播的最高境界。

如果说付费媒体是用钱触达第一层用户，那么赢得媒体就是用内容触达第二层、第三层用户，甚至更多层用户。

在这三种媒体类型中，自有媒体的重要性尤为突出，因为它涵盖了所有能够与客户和员工建立链接的媒介。它不局限于微博、微信等互联网意义上的自媒体，代表着“企业的整体形象”，包括企业自身、产品、包装、员工、大楼、车辆等一切元素。企业应将这些元素转化为媒体资源，运用媒体思维精心设计与客户接触的每个环节，实现全面的媒体化运营。

在赵笑律看来，售楼部本身就是绝佳的自有媒体，它宛如街边的店铺，每一家店铺都如同中央电视台般具有传播影响力。店外应着重抓好导视系统，店内则要做好自媒体运营，通过可视化的物料展示，将店外与店内两大系统全面媒体化，为客户营造独一无二的场景体验。

店外集中抓导视，成为路边明星

许多企业在媒体投放上不惜投入重金，却对无须额外花费的媒体资源弃之不用，这无疑是巨大的资源浪费。全面媒体化，旨在充分发挥每一处媒体的效能，做到物尽其用、分文不浪费。

除精神堡垒外，大河桃源在售楼部大门口正前方临路的位置，设置了 5 米长的门型框架，以彰显项目的领地感。同时，在门头以对联 KT 板形式设计了一行醒目大字“大河桃源　儿童友好社区”。大字传递的信号更强，即便是路对面的行人，也能一眼留意到。两侧 KT 板同样采用大字，展示项目价值点——“大河桃源有三强　景观 户型 陪伴长”。正对着路的侧面则释放项目节点信息——“高配样板间实景绽放”，起到预告作用，无论行人从哪个方向路过，都能瞬间看见、清晰辨认，进而进来一探究竟。这样一来，即便是路过的人，也能立刻关注到大河桃源，而来看房的客户，即使在很远的地方，也能清晰地看到售楼部的位置。

店内全力拼体验，打造项目道场

售楼部内部的自媒体工程，核心在于合理规划接待动线，精准解答客户心中的灵魂三问：为什么买区域？为什么买项目？为什么现在买？

大河桃源每一个能够曝光并与客户建立连接的触点，都是免费的媒体资源。可在这些位置放置可视化物料，激发客户的好奇心与认同感，让客户喜欢上大河桃源，进而主动了解并最终选择大河桃源。

赵笑律对这些工作早已得心应手，接下来就是正常的加班熬夜了。

接待动线的最终目标，还是缩小置业顾问的水平差，拔高项目的价值解读水平。相较于名筑印象，大河桃源进行了技术升级，现场增设了电子沙盘，让客户无须等到样板间开放，就能直观地感受到房间的布局和小区的环境，极大地提升了购房体验。

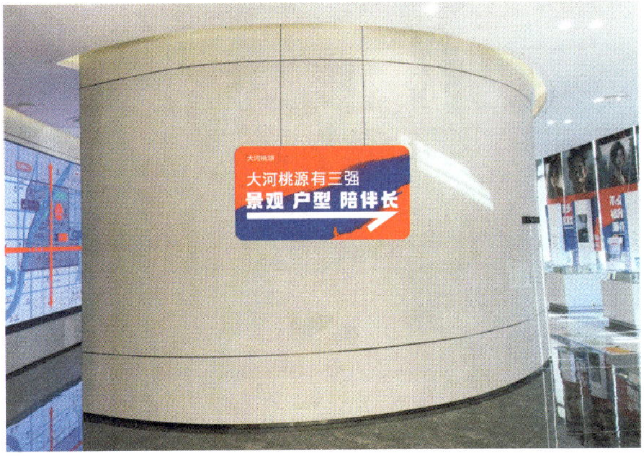

大河桃源售楼部价值包装

赵笑律将接待动线划分为三个区域，分别是讲解区、参观区和谈判区。

首先是讲解区。客户进入售楼部后，置业顾问就可以进入讲解环节了。在这个过程中，置业顾问应充分把握与客户的每一个接触点，将对灵魂三问的回答在不同功能分区逐一落实，精心打造体验的道场。

偏物理属性的价值点，可通过灯箱、地贴展示，基本围绕沙盘即可展开讲解。赵笑律借鉴淄博兔巴哥置地的做法，在沙盘旁放置了三把高脚凳，方便客户落座，起到留客的作用。

这片区域是案场的核心接待区，既有区位图，又有沙盘模型、电子沙盘，还有灵魂三问的展板，别说让客户站着全部听完了，即便是只演示电子沙盘，对体力都是个挑战。如果让客户站着听，他们的注意力会不集中，容易眼睛乱瞟，而且站累了随时会打断你，或者不想听了直接要求去看样板间。有了这一排高脚凳，坐在那里，就像课堂上听讲一样，客户大概率不会走神，会安安静静地听。听完区位图介绍，再看沙盘，一侧身还有规划介绍……一切节奏尽在置业顾问的掌握之中。

如果这时候再为客户呈上一份定制的饮品与点心，体验将更加完美！

偏精神层面的价值点，就放在洽谈区，慢慢聊，慢慢讲。同时，在谈判桌上放置金句台签，无须过多讲解，客户自然能心领神会，使气氛更加融洽。

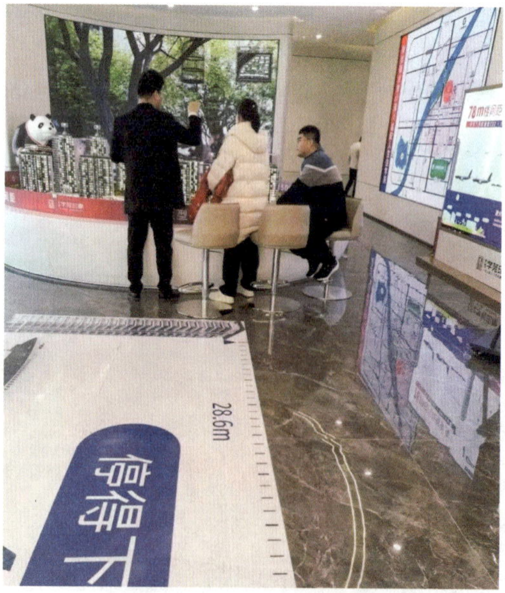

大河桃源沙盘旁的高脚凳

其次是参观区，即带着客户去参观样板间。前往大河桃源临时样板间的途中会经过儿童乐园，赵笑律选择在沿途两侧的绿皮围挡和滤网上悬挂图文并茂的画板，展示项目价值点。样板间的各个功能空间，都放置了走心文案，引发客户对美好生活场景的向往，为后续谈判奠定基础。

比如：家庭互动社交厅，约 6.5 米面宽的大横厅，盛纳全家人的欢乐；独立的学霸书房，培养孩子自主学习习惯；多场景休闲阳台，打造更多陪伴空间……

最后是谈判区。客户从样板间返回到售楼部，在此确定房源，逼定下单。这里适合坐下来细聊，赵笑律就把“自然缺失症”的灯箱进行双面展示，让客户一抬头就能看见。洽谈桌上还放置了以沟通性内容为主的台签，比如：没有有远见的父母，就没有优秀的孩子；父母没有教育许可证，孩子没有使用说明书；房子是不稀缺的，品质生活才是稀缺的……

客户离开的时候，再送给他一瓶定制的苏打水，瓶身上写着“浅饮清欢，高配人生”。冬天来了，可以换成姜茶热饮，或者定制的帆布包，给客户一个回味无穷的终值体验，加深他们对大河桃源的好感。

…………

大河桃源帆布包

营销的核心目标是积累项目的品牌资产，降低项目在认知与传播方面的成本，提高客户对项目的认同感与喜爱度。

这些自媒体工程，都是投资，而不是成本。售楼部作为最大的自媒体平台，应充分展示极具冲击力的视觉效果，让项目价值铺天盖地、无处不在，最终通过反复呈现加深客户印象。

13. 派单页：亲子陪伴倡议书

深冬时节，聊城的天多了几分阴沉。七岁的朵朵趴在飘窗前，鼻尖在玻璃上压出一个小圆点。暖气管发出细微的声响，而她的目光却总是不由自主地飘向楼下——几片梧桐叶打着旋儿飘落，恰似她在舞蹈课上新学的华尔兹。

“妈妈，今天能去玩滑梯吗？”这已经是她今早第三次询问了。母亲从堆积如山的文件中抬起头，瞧见女儿睫毛上沾着细小的绒毛，恰似初冬的霜花。

“外面太冷了，你还有点咳嗽，就老老实实在家待着吧。”话音刚落，儿童房便传来电子宠物机的叮咚声，弟弟正在挑战新游戏关卡。朵朵默默擦去窗上的雾气，水彩笔从画本边缘滚落，那是她尚未完成的绘画作品“我爱冬天”。

在寒冷的冬天，许多小朋友被留在室内，沉浸于游戏和电视之中。在得到保护的同时，他们也失去了亲近大自然的机会。

一家人虽共处一室，却缺乏有效的陪伴。

这样的情景在众多家庭中不断上演。家长为孩子报了各种兴趣班，却忽略了他们需要用双脚去感受落叶的厚度；订购大量绘本送到家中，却忘却了他们的故事应在河边萌芽；在商场游乐场办理了会员卡，却不知最有趣的玩具是带着晨露的松枝……

大河桃源敏锐地察觉到当代中国家庭普遍存在的“隐形失陪”问题，于2023年冬天率先发起“城市疗愈计划”，以儿童乐园为依托，打造具有影响力的亲子 IP。

与传统地产营销侧重物理空间的叙事方式不同，这场名为“城市疗愈计划”的特别行动，将营销中心转变为情感疗愈之所，把儿童乐园升级为关系修复之地。此次行动的核心载体“聊城市家庭亲子陪伴倡议书”，以充满仪式感的契约形式，触动着都市父母的心弦。

大河桃源向全聊城市家庭发出诚挚倡议：请牵起孩子的手，走出精心搭建的温室，让童年的纯真在大自然中肆意绽放，让童年与自然来一场美丽的邂逅。

聊城市家庭亲子陪伴倡议书

倡议理由：不能因为天气和空气问题，就让孩子的童年在温室里度过

倡议对象：忽略孩子童年、没时间陪伴孩子的父母

倡议事由：带孩子走出温室，在大自然里给童年理想的样子

应到时间：2024 年全年（8:30—12:00　14:00—20:00）

应到处所：大河桃源梦幻星球乐园

注意事项：

1. 所有父母必须携带孩子前往，天冷请注意保暖
2. 梦幻星球乐园过于吸引人，请不要拥挤，注意安全
3. 所有父母到达目的地后，务必带着孩子尽情撒野
4. 梦幻星球乐园凭入场券进入，入场券领取细则请翻看背面
5. 营销中心备有免费的姜糖水等热饮，欢迎品尝

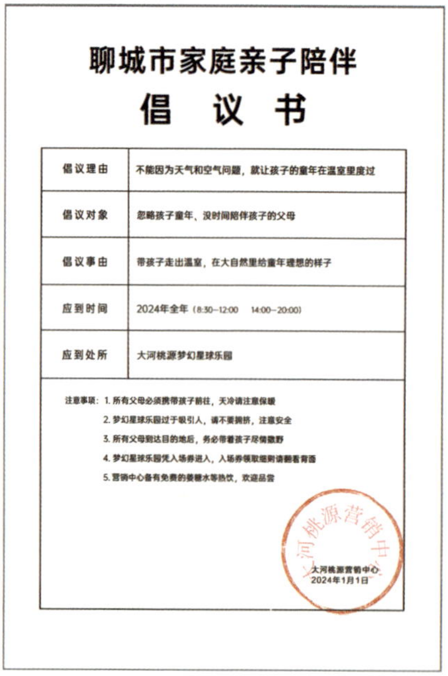

聊城市家庭亲子陪伴
倡　议　书

倡议理由	不能因为天气和空气问题，就让孩子的童年在温室里度过
倡议对象	忽略孩子童年、没时间陪伴孩子的父母
倡议事由	带孩子走出温室，在大自然里给童年理想的样子
应到时间	2024年全年（8:30—12:00　14:00—20:00）
应到处所	大河桃源梦幻星球乐园

注意事项：1. 所有父母必须携带孩子前往，天冷请注意保暖
2. 梦幻星球乐园过于吸引人，请不要拥挤，注意安全
3. 所有父母到达目的地后，务必带着孩子尽情撒野
4. 梦幻星球乐园凭入场券进入，入场券领取细则请翻看背面
5. 营销中心备有免费的姜糖水等热饮，欢迎品尝

大河桃源营销中心
2024年1月1日

大河桃源单页

这不仅是一张单页，更是一封“聊城市家庭亲子陪伴倡议书”！

将冰冷生硬的地产广告，转变为温暖人心的情感契约。

无须再为周末的安排而苦恼——儿童乐园无疑是每个家长与孩子的绝佳之选。

也不必担忧天气寒冷——孩子们活力四射，宛如一个个小暖炉。瞧那追逐泡泡的小姑娘，绒线帽歪向一侧，红扑扑的脸蛋似苹果般可爱。当夕阳的余晖为游乐设施镀上一层金边，总有一些家长在出口处停留，手机镜头中满是孩子沾着草屑的裤脚和闪着光芒的眼睛。

大河桃源借助这场城市级的情感共鸣，成功将儿童乐园打造成亲子关系的纽带空间，把营销中心升级为城市人文温度的汇聚之所。

房地产营销不应局限于空间的售卖，更应倡导美好健康的生活方式。当品牌与社会价值深度融合，商业上的成功便会水到渠成。

14. 游乐园：天然流量池

2024 年春节期间，聊城振华商场张灯结彩，在此起彼伏的新年音乐中，一支由熊猫玩偶组成的“萌趣军团”在商场中庭巡游，吸引了很多孩子欢呼雀跃一路跟随。

家长们则和大河桃源的置业顾问有序兑换着儿童乐园的门票。这场精心策划的商场引流活动，正通过线上线下联动的立体营销网络，将汹涌的商场人潮导入大河桃源的售楼部。

在存量竞争的时代背景下，“守株待兔”式的传统营销模式已难以满足去项目化的需求。

面对区域市场日益激烈的客源竞争，大河桃源要突破传统售楼处的空间局限，就要把握春节消费的黄金时机。贺皮久与赵笑律商议后，决定再度实施“引进来 + 走出去”双核战略，在延续原有社区渗透策略的基础上，创新推出“振华商场截流计划”。

大河桃源主动出击，在振华商场一楼租下一间门面，并将其打造成第二售楼部，以商场为核心阵地展开精准营销，成功实现春节营销突围；同时，充分利用儿童乐园门票，通过添加微信、留存电话等方式，吸引更多客户到访。

此外，凡在超市购物满 38 元者，均可在收银台领取大河桃源儿童乐园门票一张。

在“走出去”战略执行方面，大河桃源团队展现出了敏锐的场景洞察能力：针对企业员工的通勤路线，在乖宝宠物、希杰生物、中通客车等产业园设置早晚高峰拦截点，开展拓客派单活动，赠送熊猫玩偶或头盔。

特别值得一提的是“全城车贴计划”。首批 100 个印有大河桃源广告的车贴，仅半个多月便全部张贴完毕，团队迅速跟进，启动了第二批车贴张贴活动。

线上矩阵构建充分运用“流量池思维”，形成短视频种草与直播转化的闭环链路。项目组建了三人新媒体小组，在抖音、视频号双平台直播“桃源探房日记”，并及时更新工地实况、户型解析、政策解读等内容；同时，与房产网联动，策划春节特别“云端发布会”直播。

售楼部与儿童乐园的融合，构建出亲子相伴游乐的温馨场景，大河桃源儿童乐园火爆出圈，已然成为聊城的遛娃新地标。

15. 聊本书：一个人的读书会

作为一个读书人，这是赵笑律的一腔热忱，甚至是一厢情愿。

他的想法很简单，期望在大河桃源持续开展读书分享活动，特别是关于家庭教育的书籍。赵笑律希望通过知识的赋能，让每个家庭更重视孩子的教育，更幸福和谐。

他渴望召集到一群志同道合的朋友，共同将对读书的热爱转化成富有生命力的社群建设，让这缕书香弥漫全城，打造一个真正覆盖全聊城的读书会。

赵笑律是这样想的，也是这样做的。

从最初每月一次的尝试，到半个月一次的推进，再到每周一次的坚持，赵笑律前前后后精心分享了 16 本对他影响深远的书籍，既有管理学论著，又有育儿智慧，还有思维跃迁，以及心理学解析，如《郑渊洁家庭教育课》《李笑来家教的真相》《打造自主学习的住宅》《高效能人士的七个习惯》《卓有成效的管理者》《人性的弱点》《认知觉醒》《把时间当作朋友》《财富自有之路》《富有的习惯》《贫穷的本质》《活出心花怒放的人生》等。

其实，这个读书会早在名筑印象时就开始了。当时赵笑律只是在内部进行分享，给团队讲营销方面的书籍。后来，他慢慢尝试对外邀约客户，到大河桃源时，就正式更名为“聊本书读书会”，取“聊城人，聊城事，聊本好书”之意，而“想进步，聊本书；聊本书，就进步”的理念也逐渐深入人心，成为大家的共识。

大河桃源“聊本书读书会”

与此同时，大河桃源的“小人国故事绘”公益活动也应运而生。

每个周末，大河桃源都会邀请一名外教老师到售楼部为孩子们提供免费的英语绘本教学。通过互动陪伴、绘本带读和英语启蒙等方式，提升孩子们的发音水平，增加孩子们的英语词汇量。

“聊本书读书会”和“小人国故事绘”，一个面向大人，一个关注孩子，成为大河桃源的两大招牌活动。有人戏称大河桃源是“知识迪士尼”——家长在读书会中探寻育儿真经，孩子在故事绘里畅游英语王国。

赵笑律之所以愿意投入精力坚持举办读书会，是因为他本人就是读书的最大受益者，他深知“人生一切难题，知识给你答案”的道理！

后来，赵笑律前往贵州开展项目，也将对读书的热爱和“聊本书”的火种带了过去。无论走到哪里，他都乐于分享读书心得，让公益大讲堂惠及更多家庭。

每次读书会，最令人动容的时刻都是开场，赵笑律会带着大家朗读那段刻在他心头的箴言。

我们为什么要读书？
因为在我们不懂婚姻时，就走进了家庭。
因为在我们不懂教育时，就拥有了孩子。
因为在我们不懂健康时，就拥有了生命。
因为在我们不懂为人处世时，就走入了社会。
我们在书中找到了方法，找到了自我，
慢慢地我们拥有了经营幸福的能力，
读书改变不了我们生命的起点，
但它一定能改变我们生命的终点！
所以，读书吧，带孩子一起！

16. 观摩品鉴会：一个社区和她的高配生活方式

他们身为城市精英，在知识的殿堂传道授业；他们作为高知人士，于事业与家庭之间游刃有余；他们追求品质生活，讲究而非将就。他们有一个共同的身份——教师！

她择址徒骇河畔，打造稀贵亲水湾居；她专注产品雕琢，引领高配生活风尚；她精研景观园林，呈现大师高定之作。她就是火爆出圈的聊城“卷王”——大河桃源！

当高知精英与地产“卷王”相遇，会碰撞出怎样耀眼的火花？这不仅是身份的契合、品位的共鸣，还是灵魂的交融，更是对美好生活追求的不谋而合！

3 月 13 日，东昌学院的优秀教师走进大河桃源，近距离观摩品鉴这座聊城“卷王”楼盘。从公园式的规划布局、极具仪式感的大门、度假风格的园林景观，到双精装入户大堂、巨幕宽厅、270° 瞰河阳台，再到星空顶地库入口、窗式通风器……大河桃源秉持“产品为王”的理念，不仅刷新了聊城人居新高度，更赢得了高知教师的一致赞誉！

首次置业该如何抉择？改善住房又该如何挑选？

正如东昌学院的教师所说：当下，房子并不稀缺，但优质的好房子十分难得。

对现有居住条件的不满，本质上是生活方式的不匹配。大河桃源给出的解决方案是：用造酒店的手法造住宅，用家庭生活场景卷户型！

在精准洞察购房者追求事业、兼顾家庭、注重社交与自我享受等置业需求后，大河桃源以星级度假楼盘为蓝本，尽可能将度假式生活场景融入社区。

大河桃源在宅间林下精心规划不同主题的社交空间与花园林地，满足业主“随走、随跑、随看、随停、随坐”的需求，让他们足不出户便能尽享静谧感、松弛感、度假感。

与此同时，大河桃源“大面宽、小进深”的户型设计，空间舒展开阔，通风采光条件极佳。如此宽敞的空间尺度，足以承载生活的诗意，促进家庭关系的和睦与融洽！

好的房子，应能紧密连接城市关系、领先时代关系、拉近熟人社区关系、改善家庭关系。

大河桃源将始终密切关注客户的真实需求，以打造高配生活方式为起点，持续优化产品品质、兑现实景承诺，成为聊城老百姓公认的理想之选！

赵笑律在此次观摩会上，进行了题为“一个社区和她的高配生活方式”的主题分享。

一个社区和她的高配生活方式

德国哲学家海德格尔说，我们或居于此，或居于彼，无非占有一个居所。

然而，这个居所并不是一成不变的，而是像手机一样，一直在更新迭代。我身边的很多朋友都有这样的切身体会：前两年才买的房子，还没交房就过时了！

通常情况下，人们两年左右会换一次手机，所以我们能切切实实地感受到手机的快速迭代。而换房的时间比手机长多了，导致很多人觉得新旧楼盘没什么变化。

实际上，建筑的外立面、景观、户型每年都在发生巨大的变化。例如，窗墙比越来越高，就像全面屏的手机越来越流行；以前的小区景观只注重观赏性，现在的小区则强调参与性；以前的小区公区很浮夸还不耐用，现在的小区公区精致美观，对标的是五星级酒店……

当下国家大力倡导高品质住房，那些大赠送、高舒适性的房子备受青睐。如今的户型也越来越注重收纳空间，以及家人之间的互动性。

所以，为什么你一定会买房，而且可能要换好几次房？最主要的原因是房子像手机一样，会不断更新换代。买房应尽量买新不买旧，不仅要买新的，还要买生活舒适度最高的房子。

房子就像一个容器，承载着我们对美好生活的向往。一套好房子，带给你的是生活方式的改变，不仅能让全家人感到愉悦和幸福，更能激发你奋斗的动力！

以生活者的眼光，观察时代和城市的变化，这正是我们大河桃源造好房子的灵感。接下来，我将从八个角度的洞察，为大家阐述大河桃源这个高配社区，以及她所引领的生活方式。

我们对生活方式的第一个洞察：酒店化

每年我都会南上北下参观很多楼盘，也住过不少高端酒店，我越来越感受到一个趋势，那就是楼盘的规划理念正在日益酒店化，尤其是向五星级酒店的标准靠近。

借鉴高端酒店的设计理念打造住宅，把极具高级感的空间引入社区，可以确保社区理念持续领先，始终走在时代的前沿。

大河桃源在社区精心打造了 7 个专属定制的共享花园，可以为业主提供丰富的社交空间。在这里，社区宛如一家精致酒店，处处都是景点，业主可以享受全天候、全年龄的陪伴式场景体验。

一套房子使用年限是 70 年，但很可能住 10 年就落后了，这是大河桃源坚决要杜绝的事情。超前的规划理念，意味着楼盘拥有更长的生命周期，能让业主的资产实现长久保值增值。即便某些理念可能在 5~10 年后才成为主流，至少确保了业主在当下不会买到落后的房子。

酒店式住宅理念，已经是一、二线城市高端楼盘的标配。大河桃源用比肩一线城市的高配规划，带给聊城老百姓高品质的生活，这本身就是一种超越期待的配置！

那么，采用造酒店的手法来开发楼盘，究竟有什么好处呢？这就是我们的第二个洞察。

大河桃源专场观摩会

我们对生活方式的第二个洞察：度假化

现在的高端楼盘发展趋势就是：酒店 > 楼盘，度假 > 居住！度假酒店的极致高级感，不是体现在客房上，而是体现在其出色的公区设计上。在大河桃源，我们精心打造了多个适合儿童、中年人、老年人的社交或者独处的场所，让业主在家也能像度假一样，在楼下就能实现小红书式的精致下午茶生活。

如果社区里没有这些社交场景，没有第三空间，房子再高档，其功能也仅仅是回家吃饭和睡觉的地方而已。大河桃源全时全龄的自然园林，让回家成为一场穿越花园的旅行：回家不用急着上楼，社区里有很多场所可以和家人共享美好时光。

“诗和远方”就在你家楼下，度假就是你和家人每天的日常！

我们对生活方式的第三个洞察：兼顾面子和里子

我们东昌学院的老师们，都是城市的精英阶级，既注重社会地位，又兼顾家庭生活。我们追求品质，绝不将就，必须做最挑剔的消费群体。

因此，无论是小区的地段、外观、景观，还是建材、户型、配套等，小孩才做选择题，成年人的答案是：我全都要。

比如，大河桃源采用飞檐式门头、铝板盖顶、铜质大门，精心打造酒店式入口礼仪大门，尽显高贵大气。

米白色铝板外框，搭配香槟金铝板格栅装饰，彰显高贵优雅的品质。地上地下双入户大堂设计，为业主带来尊贵的归家体验。白色真石搭配香槟金色铝板格栅装饰，进一步凸显高贵优雅。浪漫星空顶的设计，仪式感十足。业主入库归家，仿佛置身梦幻之境……

大河桃源的这些硬核价值点，将业主的尊贵身份展现得淋漓尽致！只有提供超越期待的配置，才能体现对客户的高度尊重。

超强的产品力，在任何城市、任何行情下，都是无可替代的硬通货。唯有愿意投入时间和精力打造的好项目，才会在时代的洪流中熠熠生辉。

我们对生活方式的第四个洞察：融合运动与社交

人，才是一切生活场景的核心！

大河桃源精心打造的森氧跑道、林下瑜伽、青年健身、儿童乐园、长者空间等多样化空间，为家庭和邻里提供了相聚的理想之地。当社区构建了更多人与人邂逅的空间，它便会生动起来。

如今，运动正逐渐成为一种重要的社交方式，挥洒汗水才能让彼此更容易走近。

我们对生活方式的第五个洞察：亲近大自然

作为一名父亲，我最常听到的家长抱怨就是：

“孩子就爱窝在家里打游戏，周末想拉他出来转转都难！”

“平时不是忙着写作业，就是赶着去上课外班，根本没时间干别的。”

…………

这种现象叫“自然缺失症”，已经被纳入医学疾病体系。它是指现代城市中的儿童乃至成人，由于长时间与大自然完全隔绝，产生孤独、焦躁、易怒等情绪。注意哦，不只是孩子，大人也会患“自然缺失症”！

最为有效的解决办法，就是多带孩子接触大自然，让他们保持身心健康，这个我们售楼部有专门的展板介绍，楼书里也有介绍，大家私下可以多了解一下。今天由于时间关系，我们不展开讲了，有机会我会单独做一次分享。

另外，城市环境会给我们的生活带来很多压力。研究表明，每天只需要在自然环境中待 20~30 分钟，就会显著降低皮质醇水平，进而显著释放压力、缓解心情，并提升精神状态。

大河桃源内有中央景观花园，外有徒骇河风景区、橡胶坝公园，绝对是治疗“自然缺失症”的最佳社区，更是聊城最理想的儿童友好成长社区。

我们对生活方式的第六个洞察：追求更大空间尺度

这个并不是单纯地说要买大房子，而是要提升居住的舒适度。比如，更宽敞的大门、更开阔的楼间距、更敞亮的阳台、更阔绰的客厅，以及更宽大的厨房……

只有更大的空间尺度，才能更好地安放生活的诗意，才能更好地追求家庭幸福。这就是我们接下来要讲的第七个洞察！

我们对生活方式的第七个洞察：回归家庭本质

想一想，你有多久没和家人围坐一桌，一起好好吃顿饭了？

一家人一起吃饭，才能维系家庭的长久和谐。因为吃饭是一家人少有的共同参与、友好交流、增进感情的机会。

这至少需要有一个让家人乐于下厨的厨房，以及一个能容纳全家人吃饭的餐厅。

大河桃源 109 平方米的户型，被称为“元宝户型”。餐厅的开间达到 3.7 米，保证 8 人座餐桌、餐边柜、双开门大冰箱统统放得下。在这样宽敞的厨房里烹饪，无疑是一种享受。

主卧配备全景飘窗，临窗而望，春有嫩芽满枝，夏听虫鸣欢愉，秋看落叶归根，冬见飞雪漫天。各个方向，都是不同的世界；各个角度，皆有别样的风景。

由此可见，户型好不好，尺寸很重要！千万不要为不合理的设计买单。在大河桃源，哪怕是 109 平方米的房子，我们也可以住一辈子！

家庭才是生活的重要载体，回归家庭，就是要多创造合家团聚的温馨场景！

我们对生活方式的第八个洞察：注重家庭陪伴

当下，去客厅化的趋势越来越明显。以前占据客厅的大茶几、大沙发、大电视逐渐退场，取而代之的是被分隔出来的多个小空间，方便搭建更多全家人共处的生活场景。客厅的大落地窗、卧室的大飘窗，都是对极致视野的追求，更是人性本质上对自然的渴望。

客厅、餐厅、厨房、书房等空间，注重区域联动，实现有机融合，既能提高生活效率，又能让生活丰富精彩，全方位满足家庭成员的各类需求——让女主人变成更好的妈妈、更好的妻子，让男主人变成更好的爸爸、更好的丈夫，让孩子在创造性的空间里自主学习。

还是以 109 平方米的元宝户型为例。如果将南向次卧非承重墙拆除，和客厅打通，可以直接打造成 6.6 米的大宽厅，妥妥的豪宅即视感，完全可以实现在客厅打造 2 个空间：传统沙发区 + 阅读学习区。客厅作为家庭最重要的活动场所，理应宽敞明亮。比如，放置一组正式的沙发，背后放一个排座沙发，这样就形成了一个洄游动线，孩子可以围着父母转，增加亲子感情；而开放式书房，便于一家人共同学习、讨论问题。

将来如果家庭人口增加，可以在大宽厅隔出一间卧室，实现两房变三房，即使父母来同住，也能轻松满足需求。

以上就是我们大河桃源对生活方式的八个洞察：酒店化、度假化、兼顾面子和里子、融合运动与社交、亲近大自然、追求更大空间尺度、回归家庭本质、注重家庭陪伴！

德国哲学家海德格尔说：人生的本质是一首诗，人应该诗意地栖居在大地上。

希望我们都能在大河桃源开启自己的诗意人生！

17. 产品发布会：做大自然的孩子

鉴于名筑印象产品发布会的成功先例，贺皮久又把大河桃源的产品发布会交给了赵笑律负责。

在不久前的东昌学院观摩会上，赵笑律进行了一场“一个社区和她的高配生活方式”的主题分享。这一次的产品发布会，他打算深入探讨一下“自然缺失症”。

最近，我看了一部非常治愈的电影《海蒂和爷爷》，豆瓣评分高达9.3。

电影中阿尔卑斯山的美景令人叹为观止，每一幅风景都美如画，让人沉醉其中。明媚的阳光倾洒大地，湛蓝的天空澄澈如镜，天然的湖泊波光粼粼，一望无际的花海五彩斑斓……仿佛拥有治愈一切的神奇力量。

生活在这里的海蒂，用甘甜的溪水洗脸，欢快地上山放羊，调皮地捉弄土拨鼠，躺在草丛上沐浴明媚的阳光，光着脚丫在草地上迎着风欢快地奔跑，在白雪皑皑的雪山驾着雪橇飞驰……她的纯真如春风一般，深深打动着我。她总能在黑暗中看到阳光，在阳光中发现世界的美好，治愈了爷爷、治愈了皮特、治愈了克拉拉，也治愈了我。

然而，最令我动容的是富家少女克拉拉。她幼年丧母，一场大病后便再也无法站立，只能被困在奢华的豪宅中，与轮椅相伴度日。父亲常年在外，鲜少归家，寂寞的克拉拉将海蒂视为救命稻草，海蒂的到来让她的生活焕发出了光彩。

后来，克拉拉前往阿尔卑斯山寻找海蒂。自幼生活在大城市的她从未想过，生活竟可以如此简单美好。

克拉拉跟随海蒂在铺满干草的阁楼嬉戏玩耍，大口喝着新鲜的羊奶，还学着海蒂的模样，伸出舌头把碗底残留的羊奶舔干净，再用手擦拭嘴巴……她们形影不离，总有说不完的悄悄话。

有一次，海蒂跑去为克拉拉采摘蓝莓。克拉拉坐在石头上眺望远方，周围的一切美不胜收，她沉醉在眼前如诗如画的美景中，脸上露出甜美的笑容。

此时，一只斑斓的蝴蝶悄然停落在克拉拉的脚边。她满心欢喜，情不自禁地伸手想去触碰。然而，蝴蝶轻展双翅飞走了。克拉拉下意识地想要挽留，竟顺着蝴蝶飞去的方向，奇迹般地站了起来。这一幕让海蒂惊愕不已，在她的搀扶下，克拉拉颤颤巍巍地迈出了一步、两步……

谁能料到，大自然竟拥有如此神奇的治愈力量，它不仅打开了克拉拉因母亲离世而紧闭的心扉，更让瘫痪多年的她重新站了起来！

看完电影，我不禁思索，大自然真的有这么神奇的力量吗？

《海蒂和爷爷》电影海报

在《与孩子重回自然》这本书里，我看到这样一个引人深思的观点：只要人们置身于自然景观之中，就有助于缓解压力、放松身心。这种体验能够缓解大脑疲劳、提升思维清晰度，进而提高工作效率、促进身体康复。

书里还提到了一项早期研究，如果病房里有一扇可以俯瞰大自然风景的窗户，病人手术后会恢复得更快，所需的止痛药也会更少。

另一项针对监狱犯人的研究也发现了类似的现象：窗户朝向起伏农田与树木的囚犯，比那些窗户对着空荡荡天井的囚犯，寻求狱医帮助的次数少了24%。

植物对我们的好处同样不容小觑。有研究人员发现，与手术后住在没有植物病房的患者相比，手术后住在配备绿色植物病房的患者，其血压、焦虑感、心率和疼痛水平均显著降低。

还有研究人员指出，能够看到自然景色的患者，康复速度更快，平均比同龄人提前1天出院。更令人意外的是，病房能望见自然环境的患者，康复率比病房对着砖墙的患者高出了3倍。

众多研究证实，进行园艺活动或仅仅是置身花园，都能带来很多好处。“园艺疗法”已经被证实在促进康复和减轻压力方面卓有成效。

现在非常流行的“森林浴”，就是指人们在郁郁葱葱的森林中开展适宜的活动，如漫步、露营、游览、娱乐等，直接感受绿色植物散发的芳香物质、杀菌素以及大量负离子。

这一过程如同沐浴一般，能够消除疲劳，促进新陈代谢，增强人体免疫力，舒缓肌肤，清洁肺部。

那么，儿童能否也像成年人一样，从大自然中受益呢？

答案无疑是肯定的。从缓解压力和抑郁情绪，到提升注意力与解决问题的能力，大自然对儿童同样有着积极影响。大脑在自然环境中恢复的活力，会直接转化为学习能力的提升。与大自然的亲密接触，还能显著减轻儿童注意力缺陷多动障碍的症状，改善社交状况，增强免疫力，减少甚至消除霸凌行为。

由此可见，克拉拉在大自然神奇力量的作用下奇迹般重新站立，是完全合乎情理的。

然而，《林间最后的小孩》一书中也指出，在中国，仅有5%的家长表示，孩子经常在大自然中探索，其余95%的孩子则被各类电子产品和玩具环绕。

统计数据显示，如今的孩子平均每天看电子屏幕的时间长达 7 小时，而户外自由玩耍的时间仅有几分钟。多数男孩在 21 岁前玩游戏的时间超过 1 万小时，却对当地的原生植物认识不足 10 种。孩子们能够辨认 1000 多个企业的标识，却对身边自然环境中的植物知之甚少。

这便是美国作家理查德·洛夫提出的“自然缺失症”，即现代城市中的儿童乃至成年人，因长时间与大自然隔绝而产生孤独、焦躁、易怒等情绪反应。城市环境带来的压力与日俱增，我们需要亲近自然，以维持身心平衡，过上健康的生活。“自然缺失症”已被纳入医学疾病体系。

城市的快速扩张和智能数码设备的普及，使当代儿童与大自然严重脱节。“自然缺失症”正威胁着孩子们的健康。几乎完全在室内、被科技产品包围的童年是匮乏的，会对孩子的生理、思维和情感发展造成诸多负面影响。

大河桃源产品发布会

第一，自然缺失症的危害！

首先，我们来深入探讨一下自然缺失症的危害。自然缺失症容易引发儿童的反常行为，这种现象在城市孩子中较为普遍。

1. 注意力难以集中，表现为坐立不安

如今的孩子不仅更难集中注意力，还频繁出现多动等无法专注的行为。这让不少老师非常苦恼。一位老师无奈地说：“现在的孩子就是不肯好好坐着，就好像他们根本不在乎别人在说些什么。他们总是乱动，一直要起来上厕所。”另一位老师也有类似的感慨：“学生就是不肯静下来，总想从座位上站起来。每隔两分钟，他们就会找个借口离开座位，要么上厕所，要么削铅笔。我记得我上学的时候，根本没有这种情况。”

2. 运动量不够，导致体能下降

当下孩子的核心力量普遍呈下降趋势。在进行仰卧起坐、俯卧平板支撑等运动时表现不佳，荡秋千时也容易掉下来。长时间久坐会导致孩子体态不良，常趴在桌子上、懒散地窝在椅子里，进而出现驼背、脖子前倾、背痛等问题。而且，多数孩子耐力在下降，走几分钟就喊累。身体越发脆弱，脱臼、骨折等情况随时发生，身体如同精致易碎的瓷器一般。

3. 空间感知能力欠佳，常出现摔倒状况

在自然环境中，孩子可以通过攀爬、跳跃、观察远处物体等活动，自然地发展空间感知能力。然而，缺乏与自然的接触，可能会延缓这种能力的发展，导致孩子平衡能力弱、方向感差，容易摔倒。

4. 免疫力降低，频繁感冒

孩子的免疫系统变得越发脆弱，过敏、哮喘等症状频发，甚至整个冬天都在感冒。久坐还很容易引发明显的健康问题，如肥胖、患糖尿病和高血压的风险增加。

5. 攻击性较强，身体控制能力欠佳

自然缺失症容易引发生物贫乏症，进而影响同理心的发展。过度的虚拟刺激，会激活多巴胺系统，降低孩子对现实社交的兴趣。空间感知能力发展不足，容易引发攻击性防御行为。

6. 阅读存在困难，视觉功能发育不良

近年来，儿童近视率逐年攀升，视力有缺陷的儿童数量不断增加。孩子容易出现头痛症状，读写能力落后于同龄人，且难以协调运用眼部肌肉，如难以扫视房间寻找物品，或是难以准确地在书中查找信息。

很多家长为孩子视力下降忧心不已，但他们或许从未意识到，长时间沉迷游戏不仅极易导致近视，还会对孩子的大脑发育产生不良影响，干扰其注意力。

7. 情绪敏感焦虑，缺乏自我调节能力

近年来，儿童患焦虑症的比例呈上升趋势。最初，孩子可能害怕床下的怪物，而后逐渐发展为恐惧、恐慌，严重时会患上焦虑症。他们极度害怕户外事物，如虫子，连脱鞋都可能感到害怕，因而不愿出门，沉迷于电子产品。数据显示，美国儿童被医生开具抑郁药的比例，5 年时间内增长了 50%。儿童与大自然的疏离，进一步加剧了他们对这类药物的需求。

8. 户外活动减少，电子设备使用时间过长

如今，孩子们花在电子屏幕前的时间比以往任何时候都多，有的甚至每天会在电视机、电脑或电子游戏上花费超过 6 小时。与此同时，他们用在户外自由玩耍上的时间大量减少，独立且富有创造性的玩耍变得越发困难，想象类的游戏也日益减少。

一个四年级的孩子坦言：“我更喜欢待在屋里玩，因为只有那里有插座。”

长时间紧盯电子屏幕，孩子的身体锻炼基本只局限于大拇指的活动。在此情形下，患慢性身心疾病的儿童数量急剧攀升也就不足为奇了。

截至目前，在 6 岁及以上的美国儿童中，有 18% 患有肥胖症，糖尿病、心脏病等疾病也呈高发态势，患病率持续上升。截至 2011 年，美国 4~17 岁儿童中约 11% 被诊断患有注意力缺陷多动障碍（ADHD）。2014 年，美国近 600 万儿童（占儿童总数的 1/8）在服用哌甲酯，该药主要用于对抗 ADHD。

总体而言，幼年出现反常行为的儿童数量在逐年增加。他们有的无法忍受风吹在脸上的感觉，有的在新环境中容易失落沮丧。近年来，病患数量和患病种类的增加让人触目惊心。

如今，孩子们正变得越发脆弱，抗挫折能力下降，想象力匮乏，在学校难以集中注意力，无法有效控制情绪，也难以根据周边环境为自己找到安全的前行方向……多数父母仅寄希望于通过加强营养来解决这些问题。然而，事实证明，单纯加强营养并不足以让孩子变得强大！

充足的运动，是解决这些问题的关键所在。

主动自由地玩耍，尤其是户外活动，无疑是父母、老师和其他幼儿看护者能送给孩子最珍贵的礼物。它能保障孩子身体健康、思维敏捷，助力孩子在学业上取得更优异的成绩，让孩子拥有更稳定的情绪，同时充分培养他们的社交能力。

儿童户外活动量与身体健康密切相关。缺少活动的生活方式，是全球公共健康问题之一。缺少活动是引发非传染性疾病的主要风险因素，导致全球 60% 的死亡案例和 47% 的疾病开销。

儿童看电视的时长，与他们的体脂含量直接相关。与正式运动相比，儿童在自由玩耍中获得的身体锻炼和情感体验更为丰富，也更不受时间限制。游戏（特别是装扮性、探索性的非正式游戏）越来越被认为是儿童健康发展不可或缺的一部分。

另外，“自然缺失症”还会严重损害孩子的想象力。而中国，至少一半的孩子正在丧失想象力。

PISA 由 OECD 于 2000 年发起，每 3 年进行 1 次国际测试。PISA 主要对接近完成基础教育的 15 岁学生进行阅读素养、数学素养和科学素养评估，以测试他们能否掌握步入社会所需要的知识与技能。因此，PISA 被誉为“教育界的世界杯”。

PISA 测评结果显示：中国孩子的创造力排名倒数第五，想象力排名倒数第一！

千篇一律的花和千姿百态的花

与长期被困于室内的孩子相比，经常在大自然中嬉戏玩耍的孩子展现出更为出色的肌肉控制能力，包括平衡感、协调性和敏捷度。他们更热衷于参与富有想象力和创造性的游戏，而这进一步促进了他们语言能力的发展。

风险可控、独立自主且富有想象力的户外游戏，不仅有益于孩子的身体健康，还有助于他们形成自主意识。

有计划地让青少年亲近大自然，甚至可以成为治疗 ADHD 等疾病的良方。

我们大概总结了一下，大自然能带给孩子三大好处。

1. 促进身体发育，通过挑战自我塑造强健体魄

多投身大自然，可以助力大肌肉运动技能（全身运动，以及腿、手

臂和其他身体部位的协调，以实现走路、跑步、攀爬等活动）的发展，同时推动精细运动技能的提升。

2. 优化感觉系统，使其在不断锻炼中更加灵活协调

接近大自然，可以促使孩子将接收到的各类刺激（气味、声音、图像、温度、平衡、重力）有机融合在一起，继而让身体更加协调。感觉激活越充分，孩子对环境的感知就越精准。

3. 推动大脑发育，让孩子在户外玩耍中变得聪明

运动技能、感觉系统、社交情感技能和认知能力的发展有一条共同脉络，若孩子缺乏足够的时间锻炼这些能力，这条脉络便会紊乱，孩子便可能面临一系列问题，如在学校交友困难、情绪难以自控，甚至丧失想象力，在生活中也更容易受到伤害。解决这些问题的关键，在于让孩子的身体得到充分运动。

第二，为什么会出现“自然缺失症”？

1. 箱子里的孩子

如今，孩子花费在汽车座椅、高脚椅乃至婴儿椅上看电视的时间与日俱增。

家长往往难以抗拒各类育儿设备的诱惑，如婴儿摇床、弹跳椅、婴儿车等。这些设备能在家长洗澡、打扫、加班时保障孩子的相对安全。然而，如果婴儿长期处于此类设备中，身体可能出现问题，并可能导致坐、爬、走等方面的发育迟缓。此前发起的“仰睡运动”，旨在降低婴儿猝死综合征的发生率。众多专家认为，让婴儿趴着睡在软垫上导致窒息，是婴儿猝死综合征的重要成因之一。

2. 电子产品的束缚

美国儿科学会的研究数据显示，孩子们平均每日在电子屏幕（包括电视机、电子游戏机、计算机、智能手机等）前耗费数小时。12~17 岁的青少年，至少 75% 拥有自己的手机，且几乎所有青少年都会用短信

进行交流。

几年前，一名 8 岁的女孩参加了 Timber Nook 夏令营。对她而言，自由玩耍的时光格外难熬。她会走到工作人员面前询问：“接下来要做什么？”当我们告知她这是自由玩耍时间时，她便坐在树桩上。她难以相信有自由玩耍这回事，除了上厕所和参加有组织的活动，她始终坐在那里，无论其他孩子如何邀请，她都不为所动。

几位大学教授反馈，缺乏独立性和创造力的现象在大学生群体中也有所体现。他们发现，越来越多的大学生在面对简单问题时会束手无策，难以进行创造性思考，甚至在论文答辩时也表现不佳。一位教授指出，我们应着力培养更多的游戏设计者，而非仅仅制造出更多的游戏玩家。

更为关键的是，沉迷电子游戏和电视不仅容易使人上瘾，还会浪费大量宝贵时间。孩子们与朋友一同打棒球时，能够保持适度，不会打得忘乎所以，但若看电视的话，则会失去锻炼协商规则能力的机会，无法以健康的方式刺激感觉系统，只是日复一日地在室内久坐不动。

3. 超负荷计划不堪重负

当前我国教育领域竞争激烈，导致孩子学习时间过长、课时过多。与国外学生相比，中国学生的上课时间更长、放假时间更短。持续的封闭教育或“内卷”的教育模式，使学生对学业以外的事物失去兴趣，缺乏感受和思考的能力。长时间坐在学校，家庭作业堆积如山，课外班应接不暇，过度的教育竞争，让孩子患上“自然缺失症”。

4. 父母是最大的阻碍

“别爬了！”“别骑车去亨利家！”“别跑！”“没时间了！”“别碰！”“下来！”——如果我们频繁地对孩子表达否定态度，极有可能目睹这些话语给孩子带来的负面影响。我们总是自认为知道什么对孩子最为有利，一心想要保护他们。然而，如果我们不断催促孩子、限制他们的行动、压缩他们的玩耍时间，反而会使他们丧失自我保护的能力。给予孩子更多自由玩耍的时间，也许你就会惊喜地发现，他们身上的感觉统合问题能得到明显改善。

第三，大自然的疗愈作用。

为什么孩子必须去户外玩耍？

从绿草如茵的山坡上滚下来和从体育馆的人造坡上滚下来有什么不同呢？在浴室里把剃须膏玩得乱七八糟和在外面把泥巴玩得一塌糊涂，难道不是一样的吗？

请大家记住这个概念："匀兑"的自然！

与在健身房等室内场所运动消耗同等热量的人相比，在树木葱茏且风景优美的天然绿地中慢跑的人，不仅能更好地恢复体力，而且焦虑、愤怒和抑郁等负面情绪更少。

对比两组每日玩耍时长相同的学龄前儿童，一组在平坦的游乐场玩耍，另一组在树木密集、石头遍布且地势起伏的自然空间嬉戏。经过一年多的时间，在自然环境中玩耍的孩子在运动能力方面表现更为卓越，尤其在平衡感和敏捷度方面。

因此，户外环境无可取代。户外环境能够提供极为和谐的感官体验，激发大脑思维，是评估风险、迎接挑战的绝佳场所！

我们不妨再比较一下孩子"在室内玩沙子"和"在海滩上玩沙子"。

在室内玩沙子时，孩子往往仅用双手触碰沙子，手部只能获得有限的感官刺激，而且他们可能只是用塑料勺和各种容器进行简单的游戏，整个过程还处于成年人的严密看护之下。

再设想这样一幅画面：孩子在海滩上尽情玩沙。温暖的阳光洒在身上，清凉的海水不时溅起，双脚踩在湿润的泥沙中。孩子将桶装满清凉的海水，跪在沙堡旁，全身大部分肌肤与粗糙的沙子亲密接触。他们用手指在沙堡周围挖出一条护城河，还找来黏滑的海藻和粗糙尖锐的贝壳做城堡的装饰。几个小时过去了，孩子在堆完沙堡后才开始休息和进食。此时，尽管他们从头到脚沾满了沙子和泥土，但脸上洋溢着灿烂的笑容。

当谈及带孩子进行感官体验时，人们首先想到的是室内玩沙。然而，相比之下，在海滩玩沙能为孩子激活更为丰富多元的感官体验。不同的温度感受，以及黏滑海藻和粗糙贝壳带来的独特触觉，能够极大地充实孩子的感觉储备。而且，孩子的全身都会与沙子亲密接触，而不仅仅局限于双手。

此外，当孩子在海滩上进行推拉或挖掘等活动时，他们能够更好地耐受和统合各种触觉感受，如轻拂脸庞的微风和触碰沙子的细腻感觉。对于存在感觉处理问题的儿童而言，他们有时会极度反感触碰刺激，如独自玩耍时触碰沙堆或海藻轻轻拂过皮肤的感觉。

而在海滩上玩耍，接触更多事物，有助于孩子克服这种因轻触带来的不适感，提高触觉耐受性。对孩子来说，在沙滩上玩耍远比单纯玩沙子意义更为深远，设计城堡也是其创意和想象力发挥的绝佳时刻。

孩子在户外尽情玩耍，即便弄得浑身脏兮兮，也能增强对触摸体验的耐受性，还有益于免疫系统的完善。

我们再来探究一下旋转翻滚对孩子的好处。

孩子天生喜爱旋转、倒立、滚下山坡等活动。你是否留意过孩子为了乐趣而不停旋转的可爱模样？当孩子跑动时，内耳中的毛细胞会被激活，将运动信息沿着脊髓传递，以维持肌肉张力和身体姿态。从本质上讲，旋转及相关运动对孩子前庭感觉的健康发育大有裨益。旋转能帮助孩子增强身体意识，感受身体核心部位，使他们更好地控制书写姿势、投掷动作，协调身体两侧的活动。这便是我们应允许孩子在山坡上翻滚、转圈的重要原因。

如今，孩子旋转的机会日益减少，旋转木马也逐渐淡出他们的视野。一个新问题随之浮现：越来越多的孩子面临学习障碍。美国俄亥俄州立大学医学院的戴维·克拉克通过研究证实，旋转活动能带来积极效果，有助于锻炼课堂所需的警觉性、专注力和沉稳心态。

“重体力活动”对孩子的好处也颇多。拉雪橇上山、挖坑种花、爬树等，都是户外“重体力活动”的典型范例。这些耗费体力的活动能促使肌肉和关节更积极地工作。例如，爬山会给核心肌肉和腿部肌肉增加重力负荷，从根本上锻炼这些部位；挖掘泥土能增强对肩膀、手臂、手腕周围肌肉和关节的刺激；爬树则可激活攀爬过程中使用到的肌肉和关节。

“跳跃类剧烈活动”对孩子同样有着显著好处。淋巴系统堪称身体新陈代谢的“清道夫”，能够清除体内诸如死亡细胞、癌细胞、含氮废物、传染性病毒、重金属等各类毒素。弹跳运动可刺激淋巴系统顺畅流动，进而排出体内的潜在毒素。

总体而言，大自然具有以下五种治疗功效。

1. 使人内心平静

在大自然中恢复精力，与通过补充食物和水来恢复体力异曲同工。避让车辆、做出决策、与陌生人交流……人造环境不断消耗我们的精神能量，而大自然能让人内心平静，更深切地感受到自身潜藏的力量。

2. 提升视觉感受

与仅有白墙的教室相比，装饰过多的教室会更容易分散孩子的注意力，让孩子走神时间更长，学习效果更差。菲舍尔表示：教室的视觉环境会影响学生的学习效果。换言之，保持视觉环境简洁（正如大自然常常呈现的那样）有助于提高学习效果。

3. 促进听觉系统的发育

自然环境中的鸟鸣、水流声和风声，能够为孩子提供独特的听觉体验，有助于缓解噪声污染对听觉的影响。

4. 调节味觉与嗅觉

自然环境中的气味可以影响人类的嗅觉系统，进而影响味觉体验。研究表明，不同类型的自然环境，如森林、草地等释放的气味成分不同，这些成分能够改善人体的嗅觉敏感度和味觉体验。此外，自然环境中的空气成分通常比城市环境更清洁，这也有助于提高嗅觉的辨识力和感知能力。

此外，自然环境中的香气，如花香等，能够提升人的心理状态和情绪，间接影响饮食行为的控制和味觉的感受。总之，自然环境能够通过提供清新的空气和多样的香气，调节和增强人体的味觉与嗅觉功能。

5. 优化触觉体验

自然环境提供了丰富的触觉刺激源，如不同材质的表面（岩石、土壤、植物）、温度变化（阳光、水流）、动态触感（风吹、水流冲击）等。

这些刺激通过皮肤接触激活触觉受体，促进神经系统的发育和感官整合。

例如，儿童在自然中触摸湿润的土壤、粗糙的树皮或细腻的沙子时，触觉的多样性和复杂性远超人工环境，有助于提升触觉敏感度和分辨能力。

此外，自然环境中多感官（视觉、听觉、触觉）的协同作用能强化触觉体验，如视觉上的自然纹理与触觉感知结合，增强整体沉浸感。

第四，培养孩子积极性格的 22 件事。

《儿童和他们的城市环境——变化的世界》这本书的最后一节有这样的结论：儿童的首要事情就是玩耍……任何与儿童相关的规划政策或决策都应该支持玩耍——尤其是纳入自然接触的玩耍。

然而，每天 60 分钟的运动量，仅能起到预防疾病的作用，不足以保障儿童的健康成长。

孩子需要每天进行数小时的运动，才能发展良好的感觉与认知能力，确保身体健康，进而成长为强壮、自信且有能力的个体。

那么，孩子每天究竟需要多长时间的自由玩耍才合适呢？

所有年龄段的孩子，每天应保证不少于 3 小时的户外自由玩耍时间。

婴儿（1~12 个月）

婴儿最好能每天都去户外玩耍。婴儿的身体活动会促进感觉统合，以及重要运动技能的发展。

幼儿（1~3 岁）

幼儿每天需 5~8 小时主动玩耍，最好在户外。幼儿一整天都很活跃，只要有足够的时间自由玩耍，他们就会找到自己需要的运动方式来发展自身能力。

学龄前儿童（3~5 岁）

学龄前儿童每天应保证 5 ~ 8 小时的自主玩耍时间。这个阶段的孩子主要通过游戏来探索世界、发展社交能力、锻炼身体，并逐步学会独立。

学龄儿童（5~13 岁）

学龄儿童每天需要 4~5 小时的体育运动和户外活动。充足的运动不仅能增强体质、提高专注力，还能帮助孩子更好地适应课堂学习。因此，学校应当在课前、课间和课后安排足够的自由活动时间，让孩子保持活力，提升学习效率。

青少年（13~19岁）

青少年每天活动3~4小时，才能促进大脑和身体发育，调节新产生的情绪，并与朋友们在大自然中提升社交技能。

明确了各年龄段孩子每天的活动时间后，具体该开展哪些活动呢？

万科曾在《万科公园系9条产品力主张》中提出这样一个指标，“释放孩子天性的22件事”，也可以叫作“培养孩子积极性格的22件事”。我们家长不妨对照一下，看看自家孩子已经完成了几件。

培养孩子积极性格的22件事

◆ 探索

好奇心是孩子成长过程中最重要的一环，是探索未知的主要驱动力。

①雨中跑步；②玩水游戏；③做泥馅饼；④探索树屋；⑤光脚走路；⑥用小雏菊做项链。

◆ 认知

帮助孩子亲近大自然，释放天性，扩大知识面。

⑦抓昆虫；⑧看星星；⑨做草喇叭；⑩观鸟；⑪一米菜园；⑫养蚕宝宝；⑬野外艺术；⑭玩木棍游戏。

◆ 冒险

鼓励孩子克服胆怯，挑战没做过的事，帮助孩子培养果敢性格。

⑮爬树；⑯放风筝；⑰滑草；⑱山洞探险；⑲攀爬墙；⑳棍子探路；㉑寻宝；㉒探寻河塘生物。

以上22件事中，您的孩子应该还有很多不曾做过吧？这需要地产商和政府共同努力，在楼盘或公园中，为孩子提供适合开展这些活动的场地。

没有这样的场地，我们要把这22件事做全，需要巨大的时间成本和路费。希望未来我们能把这22件事变成日常生活的一部分，而不是像现在这样，只能是奢侈的度假生活的一部分。

第五，当心虚拟盲人。

美国专栏作家黛安娜·阿克曼在《人类时代：被我们改变的世界》一书中指出，数字化社会在为人类带来巨大便利的同时，也重塑了现代人的大脑与生活模式，致使大脑与感官分离，引发了一系列消极影响。书中提及，数字时代正使人类面临退化危机。

首先，数字社会压制了人们的感官体验。互联网打造了一个抽象、虚拟的空间，让我们的身体在现实世界，大脑却在虚拟世界。我们能了解接触不到的信息，也会缺失重要的感受。比如，我们能通过视频、图片认识自然，能看到澳大利亚的野生动物救护者正在喂养一头孤儿袋熊，能发现牛群可以利用磁场导航。

虚拟的自然能提供不同的视角，还能缓解我们适应社会时带来的压力和倦怠。但是，我们在显示屏上看到的并不是真正的动物，而是30万个极小的荧光点。电视上的狮子也不存在，只是你的大脑把零碎的光点拼凑成的画面。

缺失感官体验，大脑就会逐渐失去原来的心像地图——心脏的“心”，图像的“像”。心像地图是人们获取空间信息后，在大脑里形成的对环境的抽象认知。在古代，我们的祖先在生存压力下更能集中注意力，但是现代人很难做到全神贯注，这可能是因为缺失心像地图。

其次，如果数字化的自然取代了真正的自然，我们对自然的感知就会越来越淡薄，从而患上“自然缺失症”。这种病症会广泛出现在极少外出的儿童身上，成为人类历史上的新疾病。这样的孩子容易肥胖、抑郁、缺乏创造力。

这样的情况也会出现在成年人身上。华盛顿大学的皮特·卡恩和他的同事做了一项研究，他们为那些在没有窗户的隔间工作的人提供有自然景观的景观窗，结果这些人变得更加健康快乐，工作效率也比那些没有配置景观窗的同事高。然而，跟那些有真正的窗户，能直接看到自然风光的人相比，他们的健康状况和创造力水平会显得有些不足。

再次，数字社会可能阻碍人类学习新知。人类的一部分技能源于基因，但绝大多数源于后天的学习、更新和完善。人们只有凭借各种感官体验，把情感记忆和感官体验充分融合，才能学到新知。人类是依靠多重感官来体验外界的，但是作者担心未来人们会变成虚拟盲人，除了视觉，其他感官都退化。

在数字社会，那些对动手能力要求很高的实践，都可能被虚拟化。比如，医学院的学生要上解剖课，解剖课也可以变成虚拟的。虚拟解剖工作台能提供虚拟的遗体，学生戴上3D眼镜就能观察到立体的虚拟遗体。如果摘除遗体的某个器官，还能原封不动地放回去。这原本是科技进步的结果，但是会导致我们的感官体验不完整，让大脑和感官体验疏离，从而阻碍我们学习新知。

这让我想起了雷切尔·卡森的一句话：那些长久注目大地之美的人，一生都会有取之不尽的力量。

大自然宛如一剂良药，能够抚慰孩子心灵的创伤，其显著的好处之一便是减轻压力。相较于窗外是高楼墙体的房子，窗外有自然风景的房子更有助于缓解儿童压力，呵护其心理健康。

与住处附近自然景观匮乏的孩子相比，住处周边自然景观丰富的孩子在行为障碍、焦虑和抑郁等方面的表现会减弱许多。他们对自我的评价会更高，拥有的朋友数量也会更多。

无论赚取多少钱，都无法赎回孩子的童年。给予孩子一个充满自然之乐的童年，是每位家长义不容辞的责任。

最后，向大家推荐几本我在了解自然教育相关内容时看过的书，分别是《林间最后的小孩》《让孩子去野》《与孩子重回自然》《打造让孩子自主学习的住宅》。

希望我们的孩子，都能重回自然，去撒野，去放纵，拒绝做林间最后的小孩！

赵笑律推荐的自然教育书单

18. 桃源之歌：我家门前徒骇河

当名筑印象的《名筑之歌——名筑欢迎你》还在售楼部回响时，赵笑律满怀热忱，再次以笔为媒，毫无保留地为大河桃源谱写了一首新的赞歌。这次的灵感取材于《新白娘子传奇》的经典插曲《前世今生》。

这首主题曲浓缩了赵笑律对大河桃源的全部心血，也是他心目中大河桃源的真实缩影。

只是，为什么他热衷于给每个楼盘写一首主题曲呢？赵笑律不好意思地笑了笑：因为我对这个项目爱得深沉！

在房地产业跌宕起伏的 2024 年，赵笑律试图用一首隽永的曲调，为大河桃源注入穿越周期的生命力。

**桃源之歌——
我家门前徒骇河**

徒骇河在家门前
每天都逛好几遍
啊啊
良辰美景最喜欢
我住桃源惹人羡
啊啊
中华路顺都不远
生活放慢享悠闲
啊啊
财信国企很安全
闭着眼睛放心选
嗨呀嗨嗨哟
让那匆匆忙忙的人生永灿烂

嗨呀嗨嗨哟
让那风风雨雨的家人永团圆

超大楼距视野宽
自家瞰河真舒坦
啊啊
中央景观大花园
家人亲密多陪伴
啊啊
全龄教育受称赞
孩子成才敢为先
啊啊
人生不能太随便
高配人生住桃源
嗨呀嗨嗨哟
让那匆匆忙忙的人生永灿烂
嗨呀嗨嗨哟
让那风风雨雨的家人永团圆

遗憾的是，这组精心打磨的歌词，只停留在了文字上，未能化作声波，谱成一首完整的歌。

但人生本就如此，不圆满才是常态，做项目更是这般，赵笑律未能亲眼见证大河桃源大放光彩的时刻。毕竟，营销的走向并不以个人的意志为转移。

赵笑律深知，自己不是造梦者，只是种下星火的行者！

所幸，在力所能及的范围内，他已倾尽全力。

如今，大河桃源的这段经历正式告一段落。不恋过去，不畏将来，赵笑律明白，他该奔赴下一站了！

做好手中事，修好心中境，让每次告别都成为新生的序章。

正如 86 岁的琼瑶在遗书中写的：我是火花，我已尽力燃烧过。或许人生的真谛不在于规避无常，而在于将每个当下都淬炼成钻石。

那些看似戛然而止的句点，终将连缀成波澜壮阔的生命诗行。

大河桃源高配生活手册：

好生活　往宽了享

我们不能改变生命的长度

却可以改变它的宽度

富养自己，高配人生

在大河桃源

生活的质量，由**宽**开始

CONTENTS

目录

1

第一章 社区外

繁华高配

HIGH CONFIGURATION

产商居一体 生活一应俱全

资源以我为央
坐享开发区伟大成果
DA HE TAO YUAN
东部产城新区
宜居宜业 现代化新城
产城融合 开发区红利加速兑现
工贸物流区
生活服务区
公共服务核心
工业产业园区
居
产
商
1995年
2008年
2021年
2022年
2030年
03
04

私藏徒骇河 私享高配生活

产商居繁华大成 轻松兼顾事业家庭

05

06

第二章 社区内

规划 高配

HIGH CONFIGURATION

家庭公园上 高配生活家

2

家庭公园上的高配生活
徒骇河畔·中华路旁·270°亲水湾居
第二实验中学（规划中）
徒骇河大道
徒骇河
1#
2#
3#
5#
6#
7#
8#
9#
10#
11#
12#
13#
15#
16#
17#

大师共聚 匠筑品质人居标杆
山水比德创始人/孙虎
国际顶尖景观设计单位
山水比德
连续3年蝉联时代楼盘中国地产景观设计竞争力第一
2020ARCHINA建筑中国设计企业品牌影响力总榜全国第一
民营设计企业品牌影响力全国第一
2021年8月13日在深交所成功上市
中国建筑
上海中建建筑设计院有限公司
中国建筑集团核心成员企业
国内少数具有城市规划甲级、建筑设计甲级、园林景观甲级
资质的国家级国营大型综合建筑设计
院万科/中海/中建/保利/金地等长期御用战略合作方
11
高配生活手册
大河桃源的
建筑布局好在哪里?
大河桃源
建筑单线制布局
VS
其他楼盘
建筑行列式布局
建筑一字排开
建筑布局
按一定朝向和间距成排布置
22%
建筑密度
30%
327米
南向面宽
约280米
>40米无遮挡
建筑楼距
约30米
临河户型
拥有全天日照
日光照射
平均日照≥2小时
尽享穿堂风
通风
通风略逊色
视野开阔
窗外景色一览无余
视野
前排建筑有视线干扰
每栋建筑保持独立性
私密性
你家内景观或会被对面的人看到
超15000m²
中央景观花园
园林景观
几千平米
12

现代简约美学 不输豪宅气场

大挑檐：
时光沉淀下的建筑美学

铝板：
全球顶豪首选，历久弥新

横向线条：
立面节奏丰富有韵律

真石漆打底水包水：
视觉自然纯粹

环幕阔境阳台 无界自然风景

270°L型阳台
将一整条徒骇河悬挂在你的窗外

豪华星空顶入库 高级浪漫尊贵

超前艺术设计
每一帧都将高级浪漫与尊贵
展现得淋漓尽致

13

超级气派大门 聊城封面新作

DA HE TAO YUAN

重金打造
主入口大门高约**9m**
宽约**43m**
相当于**8辆**加长林肯
一字排开
恢弘礼序，气派尽显
加长林肯：5.5m/辆

14

全时全龄自然园林 目光所及皆是高配
礼序
运动
静享
星级归家
能量充电
治愈解压
15
聊城别处再无
超15000m²中央景观花园
15000m²社区花园是什么概念?
核心会客厅
全天候 多场景 复合型
品茗观景
休闲卡座
午后剧场
放松冥想
晨林学堂
16

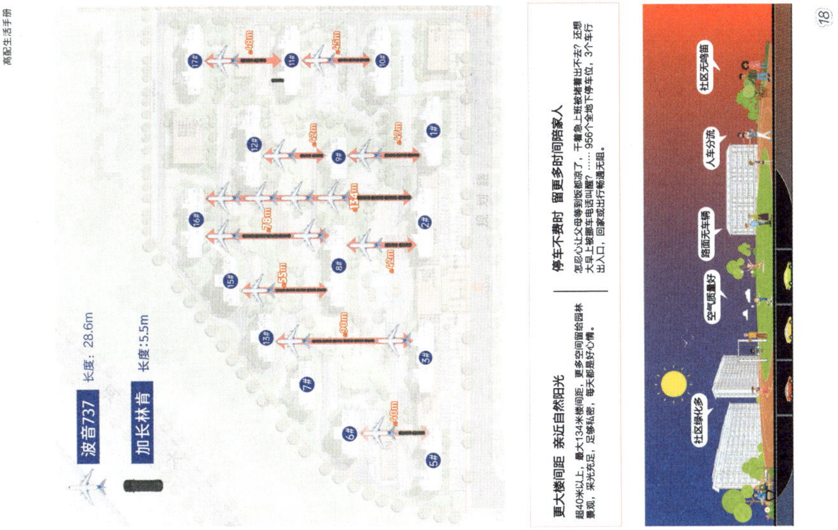

134m楼间距有多宽？

停下四架波音737 + 四辆加长林肯

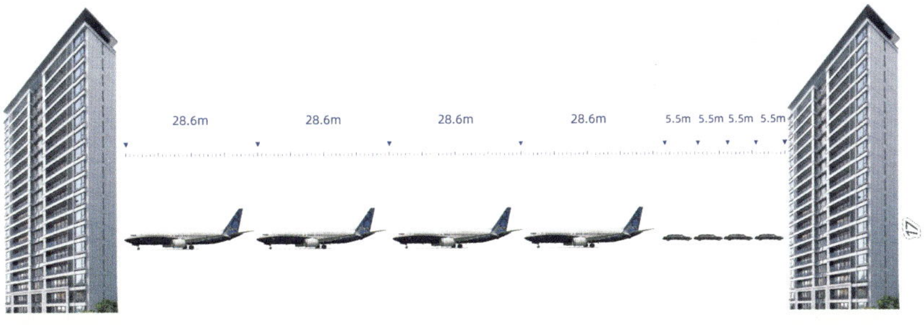

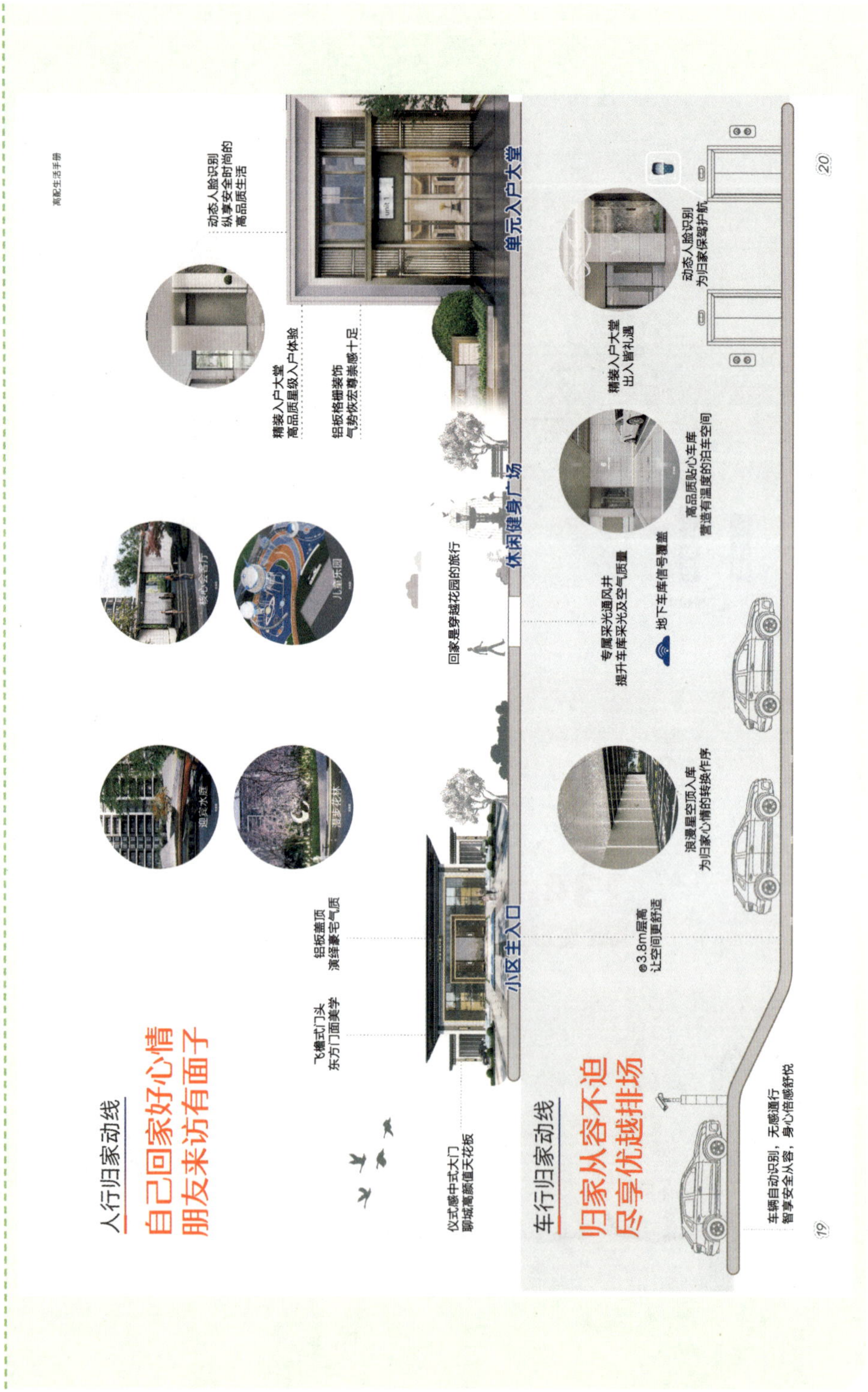
人行归家动线
自己回家好心情
朋友来访有面子
仪式感中式大门
聊城高颜值天花板
飞檐式门头
东方门面美学
铝板盖顶
演绎豪宅气质
小区主入口
迎宾水庭
漫步花林
核心会客厅
儿童乐园
回家是穿越花园的旅行
休闲健身广场
精装入户大堂
高品质星级入户体验
铝板格栅装饰
气势恢宏尊崇感十足
动态人脸识别
纵享安全时尚的
高品质生活
单元入户大堂
车行归家动线
归家从容不迫
尽享优越排场
车辆自动识别，无感通行
智享安全从容，身心倍感舒悦
约3.8m层高
让空间更舒适
浪漫星空顶入库
为归家心情的转换作序
专属采光通风井
提升车库采光及空气质量
地下车库信号覆盖
高品质贴心车库
营造有温度的泊车空间
精装入户大堂
出入皆礼遇
动态人脸识别
为归家保驾护航
19
20

第二章 家门内

户型高配

HIGH CONFIGURATION

好生活 当往宽了享

3

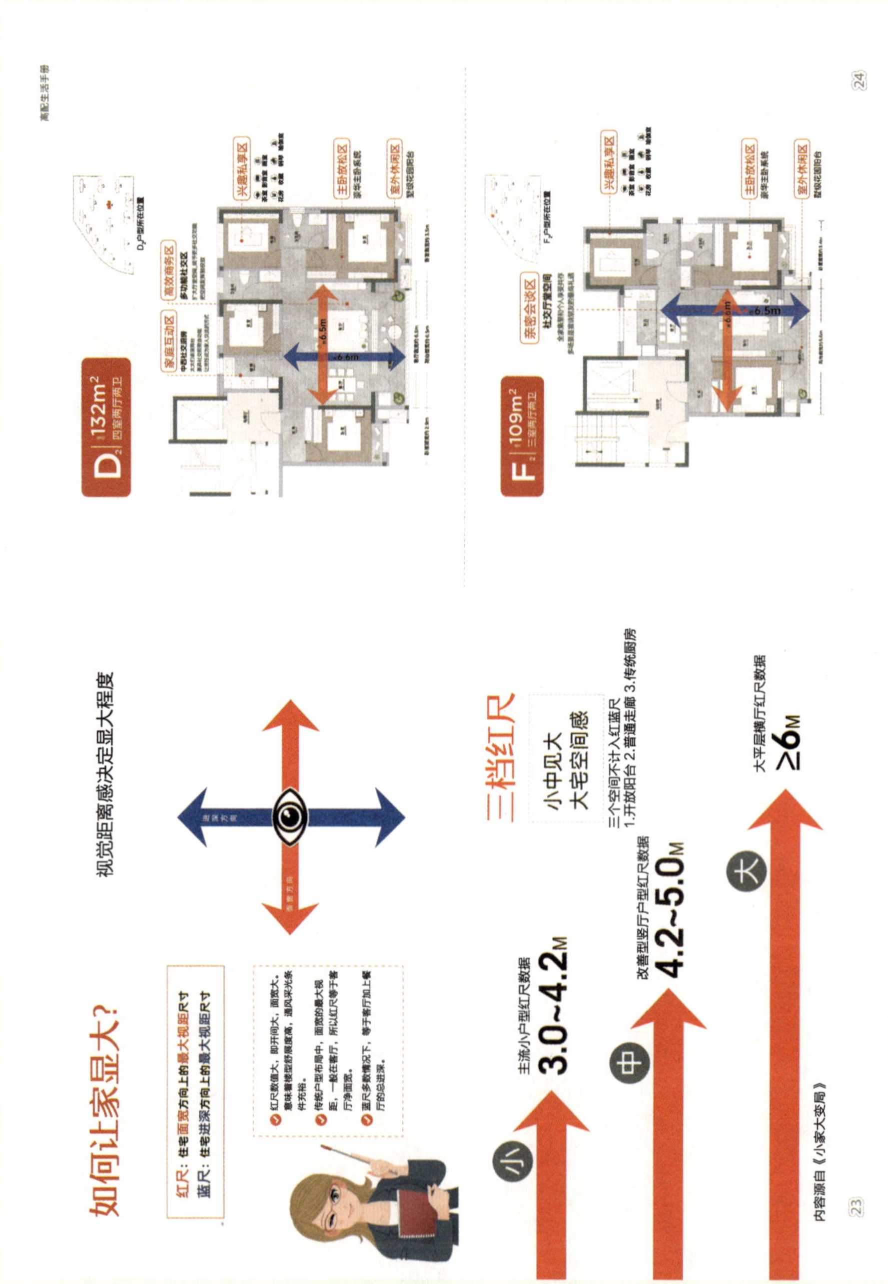
如何让家显大？
红尺：住宅面宽方向上的最大视距尺寸
蓝尺：住宅进深方向上的最大视距尺寸
红尺数值大，即开间大，面宽大。意味着楼型舒展度高，通风采光条件充裕。
传统户型布局中，面宽的最大视距，一般在客厅，所以红尺等于客厅净面宽。
蓝尺多数情况下，等于客厅加上餐厅的总进深。
视觉距离感决定显大程度
三档红尺
小中见大
大宅空间感
三个空间不计入红蓝尺
1.开放阳台 2.普通走廊 3.传统厨房
小
主流小户型红尺数据
3.0~4.2M
中
改善型竖厅户型红尺数据
4.2~5.0M
大
大平层横厅红尺数据
≥6M
内容源自《小家大变局》
23
D2 132m² 四室两厅两卫
F2 109m² 三室两厅两卫
兴趣私享区
主卧放松区
室外休闲区
家庭互动区
高效商务区
亲密会谈区
≈6.5m
≈6.6m
≈6.0m
24

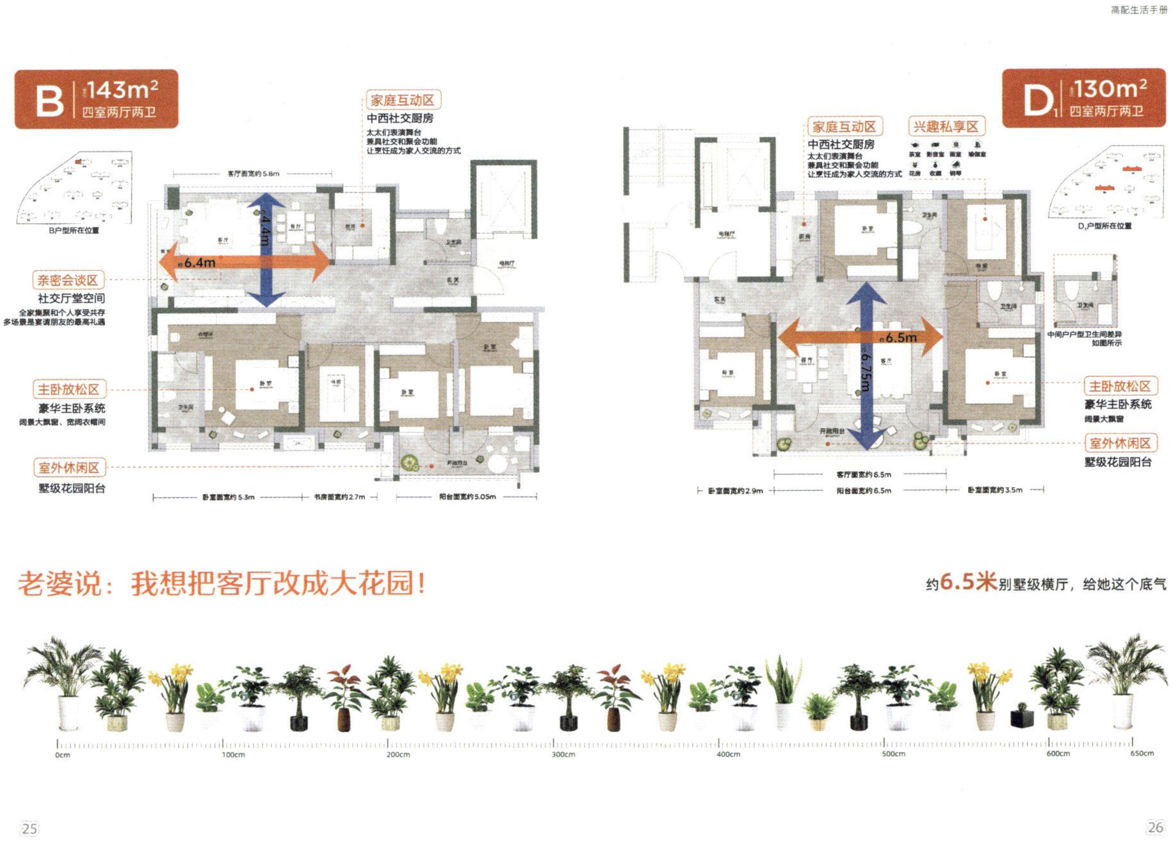
高配生活手册
B 143m²
四室两厅两卫
B户型所在位置
家庭互动区
中西社交厨房
太太们表演舞台
兼具社交和聚会功能
让烹饪成为家人交流的方式
客厅面宽约 5.8m
4.4m
6.4m
亲密会谈区
社交厅堂空间
全家集聚和个人享受共存
多场景是宴请朋友的最高礼遇
主卧放松区
豪华主卧系统
阔景大飘窗、宽阔衣帽间
室外休闲区
墅级花园阳台
卧室面宽约 5.3m
书房面宽约 2.7m
阳台面宽约 5.05m
D1 130m²
四室两厅两卫
D1户型所在位置
家庭互动区
中西社交厨房
太太们表演舞台
兼具社交和聚会功能
让烹饪成为家人交流的方式
兴趣私享区
中间户户型卫生间差异
如图所示
6.5m
6.75m
主卧放松区
豪华主卧系统
阔景大飘窗
室外休闲区
墅级花园阳台
客厅面宽约 6.5m
卧室面宽约 2.9m
阳台面宽约 6.5m
卧室面宽约 3.5m
老婆说：我想把客厅改成大花园！
约6.5米别墅级横厅，给她这个底气
0cm
100cm
200cm
300cm
400cm
500cm
600cm
650cm
25
26

C 143m²
四室两厅两卫
亲密会谈区
社交厅堂空间
主卧放松区
豪华主卧系统
室外休闲区
墅级花园阳台
家庭互动区
中西社交厨房
兴趣私享区
9.4m
7.5m
A 173m²
四室两厅两卫
家庭互动区
中西社交厨房
兴趣私享区
7m
7.5m
亲密会谈区
社交厅堂空间
主卧放松区
豪华主卧系统
室外休闲区
墅级花园阳台
27
28

高配生活手册
F1 109m2 三室两厅两卫
F1户型所在位置
家庭互动区
用餐交流区
全家集聚的沟通场所
社交聚会的高频区
多和家人一起吃饭更幸福
高效商务区
多功能社交区
扩大厅堂空间，赋予更多社交功能
把空间发挥到极致
室外休闲区
墅级花园阳台
健身 养花 观星 放空 看书 喝茶
E 122m2 三室两厅两卫
E户型所在位置
玄关系统
走廊与玄关相连
成为室内艺术展台
彰显个人高级品味
更合理次卧面积
缩减次卧享受性
让孩子走出房门和父母沟通
增加家人感情沟通
主卧放松区
豪华主卧系统
预留坐区，提供入睡前的过渡场所
阔景大飘窗，静享日光和月色
宽阔衣帽间，服务个人的极致享受
室外休闲区
墅级花园阳台
卧室面宽约3.4m
阳台面宽约6.6m
阳台面宽约7.7m
客厅面宽约5.6m
卧室面宽约3.4m
老公说：冰箱不够宽，那就买双开门！
约3.75米极宽餐厅，给他这底气
儿子说：我排的火车，是世界上最长的！
约7.7米超宽阳台，给他这个底气
0cm
100cm
200cm
300cm
375cm
400cm
500cm
600cm
700cm
770cm
29
30

4
第二章 未来观
陪伴
高配
HIGH CONFIGURATION
不想委屈孩子 就住大河桃源

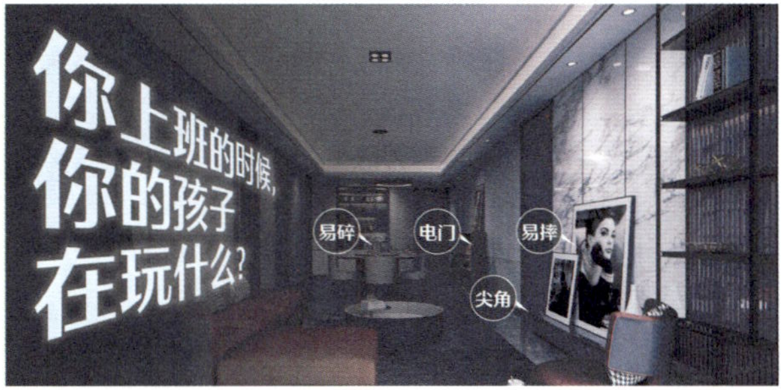

再成功的未来 也代替不了快乐的童年

公园 才是孩子的玩耍场所

陪伴 才是最好的教育

未来不是换多少套房
而是给孩子一个想回的家

33

34

“在真正的白马王子出现之前，像王子一样好好保护她。”

调查显示，目前在中国，普遍而言，父子关系比母子关系较为疏离，且父亲陪伴子女的时间，较母亲而言更少。大部分孩子都对父亲，存在有不理解及埋怨等情绪。

据统计，有**83%**的孩子认为母亲陪伴自己更多，而只有**9%**的孩子认为父亲陪伴得更多。

只有**23%**的父亲，有陪伴过孩子做功课。

有**53%**的父亲，没有参加过孩子的家长会。

有**42%**的父亲承诺过陪孩子，却因为临时有事而推迟，或取消原计划。

一个星期能保证有5天在孩子睡觉前下班回到家的只有**36%**，有**40%**的子女在睡前均未能见到家长。

现代工作压力大，是造成这种现象的主要原因。

*数据来源：长隆集团2014年“中国家庭亲子关系调查”纪录片

35

36

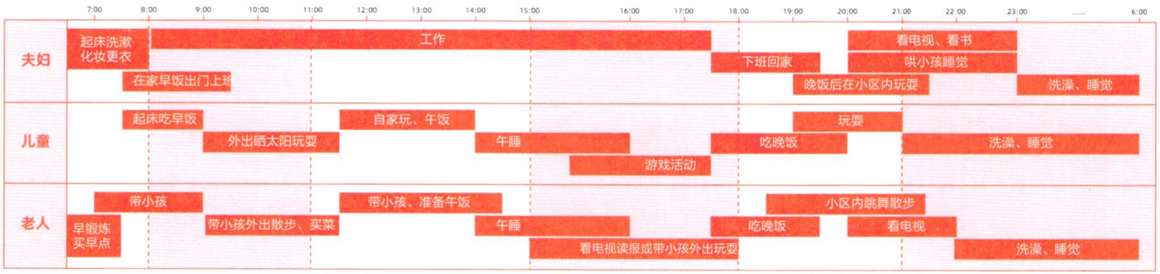

老人和儿童的场地活动时间更久，集中在8:00-11:00AM,15:00-18:00PM.

没有远见的父母
就没有优秀的孩子

著名的蒙氏儿童教育体系核心观点认为，为孩子成长打下良好素质基础的关键在于：对儿童的充分研究与了解，遵守儿童的敏感期规律，激发儿童潜能，在宽松、愉快的环境中发展孩子独立、自信、专注、创造等能力。

大河桃源的研发团队在此基础上开展了针对性的儿童主题调研，最终完成根据儿童不同年龄段生理与心理特征而设置的、具有突破性的梦幻星球乐园。

通过不同模块的组合，真正实现以儿童为主，为孩子打造一个以他们为中心，让他们可以独立“做自己”的小王国。

梦幻星球乐园关键词

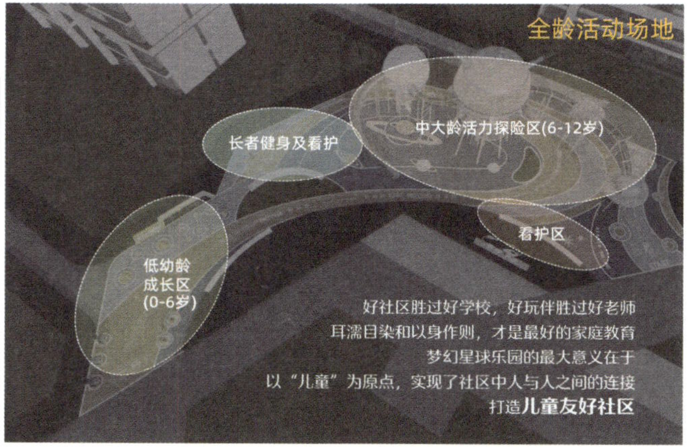

37

38

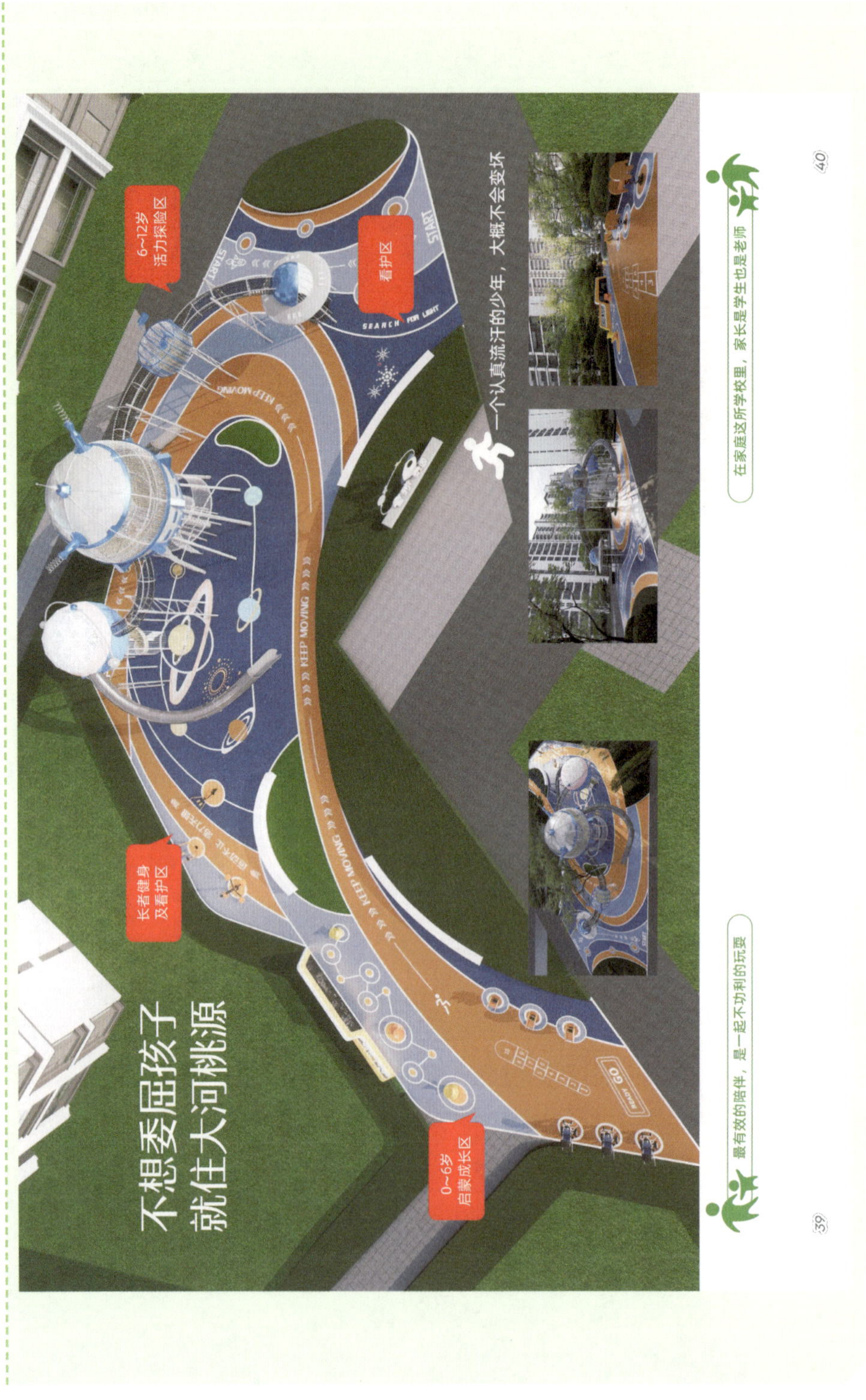
不想委屈孩子
就住大河桃源
6~12岁
活力探险区
看护区
长者健身
及看护区
0~6岁
启蒙成长区
一个认真流汗的少年，大概不会变坏
在家庭这所学校里，家长是学生也是老师
最有效的陪伴，是一起不功利的玩耍
KEEP MOVING
START
SEARCH FOR LIGHT
39
40

高配生活手册
警惕“自然缺失症”
当心你的孩子正在退化！
自然
缺失症
儿童在大自然中度过的时间越来越少，导致一系列行为和心理上的问题。是继糖尿病、高血压、肥胖症、心脏病后的又一种“富贵病”。
95%的孩子
竟患有“自然缺失症”
《林间最后的小孩》一书提到，中国只有5%的家长说自己的孩子常常在大自然中探索。剩余95%的孩子，则被各类电子产品、玩具所围绕。
≈7小时
>1万小时
几分钟
<10种
自然缺失症的造成原因
1 网瘾率急剧上升，成瘾年龄急剧下降
↑90%
电子产品成瘾率
急剧上升高达90%
↓1.5 years
成瘾年龄阶段
急剧下降1.5岁
2 孩子接受的机械类信息>生动类信息
3 父母阻碍儿童户外玩耍
自然缺失症的恶劣后果
1.电子产品依赖
2.创造性缺失
3.视听退化
4.触觉萎缩
5.情感缺失
6.肢体协调性障碍
7.心理失衡
8.环境适应性障碍
经常接触大自然 带给孩子的积极影响
想象力更丰富
好奇心更强烈
观察力更敏锐
对生命、对环境更有爱心
成长只有一次 必须让孩子找回天性
最好的“自然教育”当然是把孩子直接“扔”进大自然。
大河桃源，下楼即达15000m²社区中央景观花园，徒骇河风景区、橡胶坝公园，释放天性，让孩子在自然环境下茁壮成长
41
42

儿童友好陪伴社区
四大教育体系 解决家庭教育/陪伴问题
学霸教育
实验三小/实验二中
等15年全龄教育
陪伴教育
0-12岁梦幻星球乐园
超15000m²中央景观花园
自然教育
徒骇河风景区
橡胶坝公园
健康教育
社区户外活动草坪
世界上有一种专门拆散亲子关系的怪物，叫做长大
43
44

樱花林：3–4月

银杏林：10–11月

花镜：4–10月

粉黛乱子草：9–11月

枫叶林：9–10月

美国红枫：9–10月

乌桕：4–8月

海棠：4–5月

45

家门口的植物课堂——

跟四季交谈，你不必掌握一门外语

大河桃源在乎孩子在社区生活中的每一处细节，重视社区景观的功能属性，倡导健康环保舒适的生活方式。

在整个社区的植物营造中，大量采用花境的营造手法，打造完整的多年生草本花卉生态系统，经过一到两年的精心养护，使其能够完成生态系统的构建。保证在不同的季节，四季更替鲜明却四季有花，让孩子们在每时每刻的玩耍中能够体会到生态系统的奇妙，见证生命的奇异生长过程，同时增长植物知识。和种子做过朋友，才知道果实的份量！

46

大河桃源迎宾水庭效果图

如果把人生比作一辆汽车，那么，人生观、价值观、生活方式等，就是汽车的配置。
而高配的人生，就是要提升自我认知，打开人生格局，建立良好的价值观。
进而，追求质感的生活，和睦的家庭，平和的心态，丰盈的灵魂……
最终，活出自己喜欢的样子，活出理想的状态。

47

房子，是生活的珠宝盒。大河桃源，极致产品主义外表的内里，便是极致生活主义的灵魂。
约17万方家庭公园上的高配规划，让大河桃源的生活质量有了更宽的标准！
更大面宽更大楼间距，你和别人享受阳光的时间拉开了！
更多宽厅、阳台，南向主卧、次卧，你家和别人家室内的明亮拉开了，视野也拉开了！
更多社区社交空间，你，父母，孩子，宠物之间的自由度拉开了！
富养自己，高配人生！现在的你和从前的你，距离也拉开了！
总之，拓宽生命的广度和宽度，大河桃源拉开了一切！

48

下　篇

19. 结书缘：地产营销力发布会

赵笑律和贵州的缘分，始于 2011 年那个蝉鸣如歌的盛夏。

彼时，身为新闻系大三学生的他，怀揣着对媒体行业的热忱与憧憬，在《贵州民族报》开启了为期 4 个月的实习之旅。不承想，当年那个在贵阳大街小巷奔波采访的实习生，13 年后竟会带着自己的著作，再度踏上黔东南这片土地。

他也未曾料到，当年记录新闻线索的笔记本，如今竟写满了地产营销的破局之道。

赵笑律和聊城的缘分始于《地产营销力》，这次贵州故事的开端，也要从这本书说起。

贵州盛禧地产总经理郁晓、营销总监丛春来，在看完《地产营销力》这本书之后，多次带着团队去聊城名筑印象参观学习。在和赵笑律的深入交流中，那些在营销一线淬炼的宝贵经验与深刻见解，竟意外地促成了他们更为深厚的情谊。

当《地产营销力 2》出版时，郁晓第一时间买了 100 本。看完之后，他不仅把书送给了身边的地产圈朋友，还送给了一些教育界人士，以及家里有孩子、需要家庭教育指导的朋友。郁晓认为，《地产营销力 2》探讨了很多人文书香、家风建设的内容，阐述的是如何营造具有人文气息的家庭氛围，已经超越了地产的范畴。在郁晓眼中，“地产营销力”系列的这两本书都是被书名掩盖了光芒的好书。

于是，在 2024 年 7 月，当东方·状元府的项目邀约不期而至时，赵笑律惊觉：原来那些伏案疾书的日夜，早已为这场黔地之约埋下了伏笔。

然而，赵笑律并没有直接投身于东方·状元府的营销工作，而是在郁晓和丛春来的精心筹备下，举办了一场“地产营销力”系列书籍发布会。

作为一名写作者，赵笑律从未奢想过的事，竟然在朋友的细心操持下变成了现实！

发布会当晚，直播间同时架起五部手机，五个账号同步直播！从 19:30 一直聊到 22:00，四部手机电量耗尽，直到第五部手机也关机罢工，大家才意犹未尽地散场！

“地产营销力”系列图书发布会

得益于郁晓和丛春来，以及整个团队的倾力相助，“地产营销力”系列书籍发布会贵州天柱东方·状元府专场圆满结束，圆了赵笑律这位写书人的“出圈”梦！

诚然，“出圈”并不是终极目的，交友贵在真诚随性！其实，对盛禧地产和东方·状元府而言，举办这场发布会没有任何意义，更是毫无直接利益关联，但他们带领团队全力支持，郁晓更是熬夜又把书研读了一遍，详细记录了好几页的笔记，并以资深读者的身份分享了自己的切身感受！

或许，他们仅仅是出于纯粹的善意，希望能为赵笑律提供更多的支持与帮助。

人生得如此挚友，夫复何求。

20. 大盘观：百亩体量的城市名片

与赵笑律以往负责的多数项目不同，东方·状元府自始至终销售态势非常好。

2024 年 2 月，东方·状元府首次开盘，便以 0.71 亿元的优异成绩，荣登当月贵州省房地产项目销售金额排行榜榜首。

在后续的顺销阶段，东方·状元府的月均销量基本稳定在 15 套左右。

如何进一步拓展市场份额？怎样在维持销售高单价的同时，保证去化速度？这是营销工作亟待解决的核心问题！

东方·状元府所处的天柱县，位于贵州省东部，因城郊“石柱擎天”的独特胜景而得名。此地素有“黔东第一关”的美誉，还荣获了“中国重晶石之乡”“中国观赏石之乡”“贵州高原黄金城”等称号。

2024 年，天柱县全年房地产销量较 2023 年减少近 400 套，且首次跌破 900 套。

天柱县总人口约 43 万人，常住人口约 27 万人，每年外出务工人近 10 万人。当地房地产市场淡旺季分明，新年期间是购房的黄金时期。进入 4 月以后，房地产市场量价齐跌，竞品楼盘纷纷加大优惠力度，推出低首付、送车位、送装修等促销活动，但月销量仅维持在个位数，甚至不足 5 套。

整体市场下行，单个楼盘业绩遇冷。多数竞品为现房或准现房，且促销手段丰富多样，东方·状元府迎来了新的挑战。

东方·状元府位于天柱县白水路与紫云路交会处，处于老城区边缘，并非城市发展的热点区域，周边多为自建房，紧邻的商业配套是县城最大的农贸市场。

东方·状元府周边教育资源得天独厚，在 500 米范围内，汇聚了第二中学、第三中学、实验中学、第七小学、民族中学、第二幼儿园等 6 所学校，实现了从幼儿园到高中的全龄段覆盖，堪称天柱教育资源的集大成者。“状元府”之名，正是源于此。

东方·状元府周边配套

开发商盛禧地产深耕天柱市场达 13 年之久，旗下东方系楼盘连续 6 年荣登天柱销售冠军宝座，积累了近 5000 户业主资源，树立了良好的口碑。东方·状元府作为盛禧地产在天柱开发的第 6 个楼盘，在建筑、景观、户型、物业等多个维度进行了全面升级。在规划上，东方·状元府采用天柱地区少有的 T3 布局，在保障充足采光和开阔视野的同时，实现了户户通透无遮挡的理想居住效果。

东方·状元府鸟瞰

东方·状元府是天柱2023年的地王项目，销售均价约为4550元/平方米，为市场最高水平。项目目前有A、B、C三个地块，总占地面积约85亩。其中，A、B地块率先动工并开启销售，共规划11栋住宅楼，户型面积为116~143平方米，使用率极高，全部做到了四房设计。

由于拿地时间较晚，东方·状元府的交房时间比竞品晚了将近一年。截至2024年7月，仅呈现了临时样板间，小区大门、露天泳池、四点半课堂、老年活动中心、实体样板间等配套设施仍在紧锣密鼓的施工中，现场体验感明显欠缺。

东方·状元府最大的竞争对手，是距离仅2公里的第四代住宅项目，其均价约为4300元/平方米，为在售准现房，还允许业主提前进场装修。该项目于2022年开盘，凭借赠送大露台以及本地首家四代住宅的独特卖点，吸引了一大波客户。

即便面对如此强劲的竞争对手，东方·状元府的销售业绩依然很出色。5—7月，月均销售量达到15套，且客户转化率超过10%，在房地产市场行情低迷的情况下，实属难能可贵。

总体而言，东方·状元府具备强大的品牌影响力和产品竞争力，但地段相对偏远、交房时间较晚、价格偏高以及展示面不足等成为其进一步提升销售业绩的制约因素。

在梳理东方·状元府的营销策略时，赵笑律内心很纠结，他在考虑是否应将营销重点聚焦于教育资源。

常理而言，周边学府林立的东方·状元府，理应将教育作为核心价值点进行重点推广。事实上，项目也确实围绕这一价值点开展了一系列营销活动，从案名到广告语“泡在书香中的状元府邸”，再到售楼部的装饰风格，无不彰显着项目的教育优势。

然而，仅以教育资源作为卖点，是否足以支撑项目的持续热销呢?

一切答案皆在客户。赵笑律在梳理成交客户信息时发现，东方·状元府的核心客户主要来自乡镇，他们购房的目的是让子女进城上学。然而，影响他们购房决策的因素并非仅有学校一项。

赵笑律对东方·状元府的卖点进行了价值排序：其一为学区，周边学校环绕；其二是户型，具有高赠送特点；其三是地段，生活十分便利；其四是园林，配套设施丰富。

此外，在当地居民的观念里，第七小学的教学实力不及第一、第二、第三小学，因此东方·状元府的学区优势并非绝对显著。此外，相邻的第四代住宅竞品同样能够共享教育资源，尤其是一路之隔的潜在地块，距离第七小学更近。由此可见，东方·状元府的学区优势并非独一无二。

更为关键的是，如果客户仅仅看重学区，那么位于第一小学旁边的现房竞品理应畅销。但实际情况并非如此，这表明客户购房并非仅仅为了学区。

换言之，学区并非客户购买东方·状元府的唯一理由。

开发大盘需具备全局视野。东方·状元府的 A、B 地块，加上尚未摘牌的 C 地块，体量将近百亩，是天柱目前在售楼盘中体量最大的项目，无疑将成为未来城市的核心区域。从长远来看，营销策略必须凸显东方·状元府的城市地位，仅强调教育资源显然远远不够。

审视区位，东方·状元府地处县城主城区南部，位于老城区的核心生活圈。处于这一地段，能够尽享周边成熟的配套资源，因为区域所有的配套都紧紧围绕在项目周围，都是你的邻居。

换句话说，住在东方·状元府，你和区域所有的资源都保持了刚刚好的距离。不吵不闹，繁华配套离你刚刚好；不偏不倚，自然资源离你刚刚好；不远不近，交通路网离你刚刚好。这才是理想的生活状态。

东方·状元府所在区域的交通路网极为便利，农贸二街和白水路连接城区南北方向，环城南路和紫云路贯穿东西方向。东方·状元府北侧由其负责修建的直通天柱三中的市政道路，建成后将进一步优化周边交通路网，为业主的出行提供更大便利。此外，紧邻的联营汽车站，无论是返乡还是返程，都极为便捷。

总的来说，住在东方·状元府，路网很通达，去哪都顺，甚至走着路就能到，可谓配套成熟、生活便利。

此外，在小区的整体规划方面，东方·状元府匠心独运，致力于最大化楼间距，留出充裕空间，精心打造丰富的林下空间与休闲运动空间，全力营造了一个满足全家庭需求的“社区公园”。

例如，楼下设有健身广场、环形跑道、露天游泳池、篮球场以及三个羽毛球场，这些共同构成了能够满足全家人运动需求的“运动公园”。

孩子的茁壮成长离不开悉心陪伴。楼下的儿童游乐园、四点半课堂、阳光草坪和观景长廊，是父母陪伴孩子成长的“亲子公园”。

东方·状元府建筑立面效果

有关研究表明，积极参与社交活动的老年人往往更长寿。楼下的社区广场和康养中心，是满足老年人休闲娱乐的“逍遥公园”。

宠物也是家庭的重要成员。楼下的跑步区、攀爬架等设施，为宠物提供了充足的运动空间，是“萌宠公园”。

社区内的四大主题“公园”，配置水准在天柱县首屈一指，可与一、二线城市相媲美，为业主带来超配的生活体验。

东方·状元府社区泳池鸟瞰

在“村超”和“村 BA”热潮带动下，天柱县体育场的人气空前高涨。这里时常举办黔东南地区的篮球比赛，每天都有众多市民前来运动、散步。然而，随着人流量的增加，这里也变得更加拥挤和嘈杂，即便运动场地众多，也难以满足需求。

从某种程度上说，东方·状元府整个社区就是一座小型的“体育场”，不仅配备了篮球场、跑道等常规体育设施，还设有游泳池、羽毛球场和景观会客厅等特色空间。更为难得的是，这里仅供业主私享。

此外，东方·状元府的户型设计独具匠心，赢得了客户的高度认可。与第四代住宅侧重赠送室外面积不同，东方·状元府将重点放在室内面积的赠送上：116 平方米户型赠送 28 平方米，136 平方米户型赠送 42 平方米，143 平方米户型赠送 45 平方米。

有一位业主原本是竞品楼盘的工作人员，初次到访便对东方·状元府的户型一见钟情，回家后立刻带着丈夫再次前来，两人均被户型吸引，最终选择了这里。连同行都舍弃自家楼盘而选择东方·状元府，足见其户型优势之显著。

综上所述，可以从以下四个维度对东方·状元府进行重新审视：

规模体量：百亩大盘，城市名片。

区域位置：老城繁华，配套齐全。

楼盘特色：家庭公园上，高配生活家。

户型设计：四房起步，品质大户。

至此，赵笑律提炼出东方·状元府的大盘理念：繁华都会，高配生活！

21. 超级口号：高门大户状元府

根据客户的买点，赵笑律提炼出了东方·状元府物理属性的广告语：状元府有三宝，学校景观户型好。这句广告语，足以使东方·状元府在众多楼盘中脱颖而出，塑造自身的差异化优势。

但是，作为一个大盘，仅仅有物理层面的竞争力还不够，还需具备与之匹配的精神内涵。

东方·状元府社区大门效果

在听置业顾问讲解项目时，赵笑律意外地发现，东方·状元府的入户门为高 2.3 米、宽 1.2 米的子母门，而市场上其他小区入户门的高度通常只有 2.1 米。

此外，东方·状元府的小区主大门宽 29 米、高 7.2 米，是天柱最高端的小区大门之一，其顶层屋顶设计还巧妙地融合了当地的苗侗风情，双重飞檐上翘，寓意状元及第、官帽加身。

东方·状元府建筑屋顶效果

在东方·状元府的规划文本设计理念介绍里，赵笑律留意到这样一段文字："状元府的入户单元门高大厚重，宽 7.2 米，高 4.6 米，营造了归家的仪式感。这样的高门设计理念取自'高门出弟子'，有庇佑子孙之意，也与状元府的案名相匹配。"

就这么一瞬间，"高门大户"的灵感如流星般划过赵笑律的脑海。

顺着这个思路，赵笑律深入搜索了天柱的相关资料，惊喜地发现：天柱县"家文化"极为浓厚！

据不完全统计，天柱县域内有 40 多个姓氏的侗族、苗族群众，先后兴建了 200 多座家祠，形成了清水江流域家祠古建筑群。至今，仍有近 100 座家祠保存较为完好，被誉为"西南地区家祠博物馆"，堪称"中国之最"。

目前，在这些被保存下来的家祠中，被列为文物保护单位的有国家级 2 座、省级 2 座、州级 19 座、县级 27 座，其中最具代表性的是三门塘刘氏宗祠、远口吴氏总祠和白市杨氏先祠。

在春暖花开的时节，赵笑律手扶古色古香的青石栏杆，脚踩纹路清晰的石板路，踏入拥有国家级非物质文化遗产、中国传统村落等多项"国字号"荣誉的三门塘村。

三门塘村作为清水江沿岸的传统村落，拥有 1500 多人，历经 500 多年岁月沉淀。此地自古便是外三江最大的木材货运码头，留存着众多古建筑、古桥、古碑等文物古迹，尽显历史的厚重与沧桑，见证了三门塘悠久的历史和厚重的文化积淀。

三门塘至今依然保存有300余通各种古碑、28栋窨子屋、2座宗祠、100余座保爷桥。如此众多的文物集中于一个仅有8平方公里的少数民族村寨，在偏远的贵州堪称独一无二。

据传，500多年前，严、谢、王三姓从湖南迁入此地并各立门户，故而得名“三门塘”；又有一种说法是，寨子东、西、南三面各设有寨门，因此称作“三门塘”。该寨是当地著名的侗族四十八寨之一，承载着独特的民族文化。

赵笑律转出古民居小巷，一座造型独特、气势恢宏的古建筑映入眼帘。

抬头望去，上层墙面竖书“昭勇将军”，下层墙面横书“刘氏宗祠”，八个大字，行书楷体，苍劲有力。大门两侧高三米多的青石门框上镌刻着一副对联“白水高名千秋尚在　香山重望万古犹存”，尽显庄重与威严。

刘氏宗祠

刘氏宗祠占地面积达250平方米，始建于清朝乾隆年间，光绪初年修缮，1933年重修门面牌楼。整座建筑结构新颖奇特，设计匠心独运，融合东西方文明，汇聚哥特式艺术精髓。

远眺时，翘角凌空，气势雄伟；近观时，彩绘斑斓，雕塑错落。宗祠正前面壁上浮雕彩画层层叠叠，大门两侧各有三根凸起的假柱直插檐顶，假柱每节骨段上均为塔楼式装饰。各层假柱之间又设有圆顶假窗或圆顶真窗。

左右两侧还各塑有一口洋式大钟。面壁两侧檐脊上，浮雕着动植物图案。动物浮雕有鲲鹏、麒麟、奔鹿、雄狮、凤凰、紫燕等，姿态各异，栩栩如生，有的虎视江波，有的展翅欲飞；植物浮雕有翠竹、红梅、莲蓬、花草等，似临风摇曳，或暗吐芬芳，构思奇巧，工艺精湛。

祠的正面两高柱上方，对称地凸塑着十一组拉丁文字母。两侧山墙二进柱上方又各有一行不对称的字母。这些神秘的字母究竟暗藏何种玄机，令人百思不得其解。

独具魅力的"刘氏宗祠"荣膺联合国亚太地区文化遗产保护奖，那高耸的门槛，宛如一位沉默的老者，静静诉说着名门望族的过往，彰显着深厚的家族文化底蕴。

赵笑律深入当地特色民族村寨，踏访家祠古建筑，透过这扇历史的窗，探寻苗侗民族源远流长的传统"家文化"脉络。

在天柱人的精神世界里，门是神圣的图腾！天柱的灵魂，既蕴藏于门内的深沉古韵，又延伸至门外的广阔天地。天柱人笃信，门是家族的根基。

古时，高门立户，蕴含着一方望族的无上荣光。

从前，高门是衡量功名与德行的标尺；如今，门庭是延续家族精神的纽带。

往昔，高门守护着百年宗祠的荣耀；今朝，高门承载着世代家族的殷切祈愿。

正所谓高门出大户，豪门望九族。至此，东方·状元府的超级话语，赵笑律便敲定为：

高门大户状元府　书香门第大家族

"高门"不仅是物理空间里彰显荣耀的标识，更象征着优质教育资源与高端圈层的准入门槛。

不同的客户群体，同一个精神标签！

基于此，赵笑律也为每一类客户群，塑造了排他性的生活方式。

针对追求品质、养老的客户：繁华都会里的高门大户。

针对有压力、进城的客户：超级学区里的高门大户。

22. 超级案场：打造体验的道场

在东方·状元府售楼部的外围，本就有一座巨大的桁架门楼矗立在门口，力求把昭示性做到极致，让每一个过往的行人，只需一眼就能认出这是东方·状元府。把“状元帽”这个超级符号设计到门头上，且放到最大，更是强化了视觉信号。

东方·状元府售楼部门前桁架门楼

尽管东方·状元府交房时间要晚一年，但其工程推进极为迅速。为了打消客户在交房时间方面的顾虑，赵笑律与团队商议后，果断地在路边设立“说到做到　准时交房”的展示板，并公示施工计划表，以增强客户对项目的信心。

后来在 3 月 15 日当天四大老总同框直播时，郁晓更是面对镜头掷地有声地承诺：东方·状元府一定按时交房，一定会将合格的产品交给所有的客户。

与此同时，置业顾问每个月前往竞品工地进行实地考察，不仅深入了解各案场的销售政策，还实地查看其工程进度，以便及时向客户传递准确信息。

通过对比，销售团队对东方·状元府的信心大幅提升。例如，第四代住宅，随着现房呈现，景观园林规划欠佳、户型使用率低下、大露台影响室内采光等诸多弊端暴露无遗，为销售团队提供了极具说服力的论据。

东方·状元府按时交房桁架

东方·状元府价值点桁架

步入售楼部，品牌、区位、沙盘、景观规划、户型解读等可视化物料一应俱全。

这些物料既为置业顾问提供了专业的说辞指引，又能让客户轻松理解，最大限度地降低了信息识别与阅读成本，进而降低了营销传播成本。搭配“状元帽”造型的地贴、展架、台签等氛围装饰，身着状元服饰的工作人员、成交砸金蛋的仪式感，以及样板间的生活场景展示，整个接待流程的每个环节都在与客户进行着深度沟通，引导客户沉浸其中，激发其购买欲望，使其加深了解，认可并喜欢上东方·状元府。

终值体验同样不可或缺。东方·状元府售楼部夏季提供定制冰粉，冬季则奉上暖心热饮，满满的情感关怀，让客户好感倍增。

东方 · 状元府售楼部区位展示

除了说辞与物料培训，赵笑律还为置业顾问引入吴昊老师的“成为兵王的 16 个心法”，塑造团队的一致性，树立长期主义的销售理念。

与此同时，赵笑律还向团队分享了吴昊老师所著的《关系场》一书，并要求每位销售人员在接待客户后，依据其家庭结构，为其规划最为适配的生活方式。如此一来，客户就能切实感受到销售人员“懂他们”“为他们着想”。

经过一段时间的实践，赵笑律惊喜地发现：此前在微信上从不交流的客户开始主动回复消息；部分初次到访的客户选择再次光顾；有客户直接向销售人员反馈，“你说出了我的心声，这正是我梦寐以求的理想生活”。

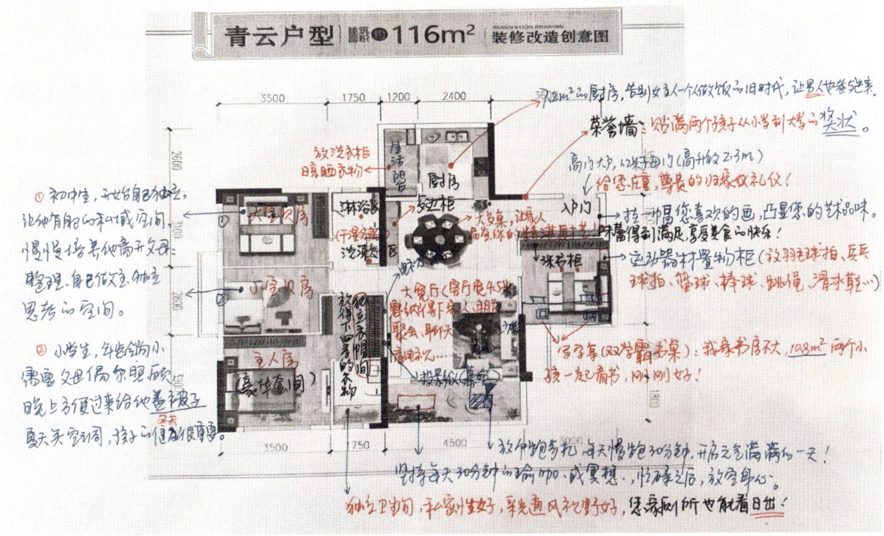

销冠杨迪迪为成交客户规划的生活场景

23. 饱和攻击：无人不知状元红

东方·状元府对内的超级案场执行到位之后，便开始落地对外的推广动作。

随着露天泳池、四点半课堂、老年活动中心以及实体样板间的相继开放，道旗广告、户外广告等宣传物料也全面更新。一时间，鲜艳夺目的“状元红”席卷整个天柱县城。

赵笑律深知，越是市场行情低迷，越要投放广告。

市场遇冷时，多数企业会削减广告投入，此时坚持投放广告，往往能够以更小的代价吸引客户的关注，收获事半功倍的效果。反之，如果众多企业蜂拥而上投放广告，客户的注意力被分散，投放广告的效果就会大打折扣。

正如股神巴菲特所言：“当别人恐惧时我贪婪。”在市场低谷期进行广告投入，实则是以低成本获取客户的注意力。

广告在此时还能转化为一种信用背书。当客户意识到“这家企业仍在积极发声”时，品牌便获得了跨越经济周期的信任溢价。

在东京银座的百年老店中，悬挂着代代相传的经营铁律：客稀擦亮橱窗，雪厚清扫门庭。这与现代营销理念不谋而合：低谷期的广告不是单纯的成本消耗，而是对未来增长的一种战略投资。当整个行业进入“黑暗森林”状态时，持续发光的品牌将成为客户心智中的北斗星，这种认知层面的占位带来的复利效应，终将在经济回暖时转化为强大的市场竞争力。

当下的房地产市场，宛如处于自然界的冰川期，淘汰了抗风险能力较弱的参与者，为坚守者腾出了发展空间。当竞争对手收缩广告投放时，每一元广告费用的传播效果能提升 3~5 倍。这就如同在冬季以折扣价购入资产，待春天来临时将获得丰厚的回报。

因此，无论是销售期房还是现房，广告投放力度越大、范围越广，消费者的购买信心越充足；反之，如果企业沉默不语，消费者往往会持观望态度，不敢轻易下单。

此外，广告活动实质上是一种面向员工的企业信心展示。在艰难时期，更需要向外传递积极信号，以维系团队的士气。

东方 · 状元府出街广告

东方 · 状元府还抓住春节返乡置业的机会，发起了聚焦乡镇村庄拓客的“红海行动”。渠道人员与置业顾问深入乡村，开展墙体喷绘广告作业、张贴宣传海报，为村镇重点超市老板、理发店老板、邮政快递点负责人、工程劳务班组、物业公司等提供项目定制物料，并将其发展为全民经纪人；同时，在合适的地点张贴“东方 · 状元府售房咨询处”广告牌，还在乡镇娱乐广场设立咨询点。

除广告投放外，东方 · 状元府还举办了全民健康跑、乡村教育爱心助学、中秋业主烧烤派对等活动，并借助短视频和直播平台持续发力，提升东方 · 状元府的影响力，吸引更多客户将东方 · 状元府纳入购房选择范围，让天柱每一个购房者，看过东方 · 状元府再决定。

24. 超级业绩：持续领跑，稳居第一

在整个团队的齐心协力之下，东方·状元府每月的去化速度呈现出稳中有升的良好态势，三个户型的流量均显著增长。

最终，2024 年全年，东方·状元府在整个天柱房地产市场的销售份额中占比将近 50%，稳居龙头地位。

2025 年 1—2 月，天柱所有在售楼盘累计销售 225 套，其中东方·状元府卖了 133 套，占比高达 59%。

作为参与者之一，赵笑律有幸见证了这一辉煌时刻。

实际上，一件事的成功并非一朝一夕之功。我们往往只关注营销表面那 20% 的光鲜，而项目背后那些不易察觉的行动才更有借鉴意义。

东方·状元府的成功，是老板与公司各条线、营销各环节协同发力的成果。

产品力即营销力。总经理郁晓多次亲自组织并率领营销、工程、设计团队外出考察学习，学成后立即付诸实践——

以河南金沙为标杆，对展示面进行重新设计与施工。

参照山东新东升，增设工法展示样板间。

对标山东兔巴哥，努力打造具有超级转化率的接待动线。

对标山东财信·名筑印象和大河桃源，邀请赵笑律参与超级案场的整体打造。

借鉴宋博先生的新媒体营销经验，丛春来亲力亲为，积极投身直播与视频拍摄工作；同时，组织全体员工学习抖音运营策略，通过直播、短视频以及私域圈层运营等多种途径吸引客户、积累客源。

团队始终坚持观看孙长毅老师每月举办的知识发布会，并深度梳理项目价值，确保每位销售人员都能精准、专业地介绍产品，力求成为一支能打硬仗的金牌售楼队伍。

在深入研读陈利文先生的《地产销售 4.0》后，丛春来依据定价级差原理对价格体系进行了调整。同时，针对客户的多样化需求，将现金牛产品细分为走量型和利润型，并合理规划各类产品的供应量，以实现经营现金流与利

润的平衡。

…………

“走出去，带回来！”东方·状元府各条线团队积极对外出研学所获知识进行深入研讨，迅速确定实施方案并立即付诸行动。

这一点，赵笑律感触颇深，最具发言权。每次对销售团队进行培训后，销售经理都会严格监督案场的执行情况，致力于打造一支战斗力更强、抗压能力更优的全销冠团队！

总体而言，成功并没有一蹴而就的捷径，唯有一步一个脚印地稳扎稳打，先学习先进经验、进行模仿，再精准执行，接着复盘总结，最后改进优化，如此循环往复。

简而言之，就是学先进、傍大款、弯道超车！

更具体地说，就是学以致用、快速落地、持续改善！

25. 超级个体：销冠的成事心法

（1）高门大户状元府，书香门第大家族！客户说：认识的好几个朋友都在这儿买房子了，我们以前是邻居，现在来买东方·状元府，还能继续做邻居。所以，我的工作职责就是帮助您选择同频的人都认为好的房子。

（2）奶奶为孙子买房，是一种充满爱意的行为，体现了深厚的隔代亲情。今天，蒋阿姨为两个可爱的孙子在东方·状元府签下了一套大平层的房子（5房2厅2卫双阳台）。奶奶爱孙子，为他们思虑深远。这套房子不仅为孙子营造了更好的居住环境，也给孙子未来的生活提供了一份保障。这种无私的付出，展现了家庭中的爱与责任，定会让孙子感受到家族的温暖和支持。

（3）有一种身份叫“中国式丈母娘”，她既是待嫁姑娘的坚强后盾，也是男青年必须讨好的对象。在现实生活中，丈母娘就是女神一般的存在。今天的这位男主，刚从广东回来10天，在丈母娘狂风暴雨般的洗礼下，终于好事落定，把房子定在了东方·状元府。丈母娘终于松口，答应女儿与男主的婚事，同意择良辰吉日登记结婚，恭喜恭喜！

（4）这位1999年出生的业主，和许多年轻人一样，怀揣着对未来的美好憧憬，在踏入社会的那一刻，就将买房的梦想深埋心底。工作没几年，他就用自己努力攒下的钱，在东方·状元府安了家。25岁的他，没有伸手向父母要一分钱，他比同龄人优秀、懂事，还孝敬父母，值得所有人学习。

（5）最美的情话，是和你有个家，但愿每个人都有自己的家。夫妻俩开店做生意多年，一直想有一个自己的温馨小窝，曾经多次看房下不了决心。东方·状元府的园林设计和小区配套，正是他们想象中的样子。女孩说再也不想错过了，买了房就能让漂泊的心找到归宿，努力挣钱的路也会开启新征程……

以上内容，全部出自东方·状元府销冠杨迪迪的朋友圈，这位侗族姑娘经常记录成交客户的买房故事。

2024年，杨迪迪以60套房的成交量成为东方·状元府年度销冠。2025年春节返乡置业期间，杨迪迪再创佳绩，凭借21套房的销量，再次成为东方·状元府销冠。

她的成功密码，其实就藏在每天更新的朋友圈里——

杨迪迪的朋友圈，不仅是楼盘销售动态的展示平台，更是一部生动鲜活的地产客户样本纪录片。在杨迪迪的精心打磨下，每一组客户的买房故事，都变成了微型的“购房动机白皮书”，更升华成了一种情感共鸣，让每一位看过的人都为之动容。

这些真实的案例，构建了一个信任的循环，不断吸引新客户来买房。新的成交故事又化作新的素材出现在杨迪迪的朋友圈，最终形成传播的闭环，打造着杨迪迪“真实、真诚”的专业形象。

杨迪迪朋友圈的内容大多为原创。如果你偶然刷到她的朋友圈，一定会被深深吸引，因为扑面而来的是一个活泼、用心且热爱生活的形象。

日常的拓客派单、工程进度播报、绿化升级记录等，都会成为她朋友圈的素材，也强化了东方·状元府的品质形象。

（6）老城区的步梯房，要换吗？我们扫楼小组挨家挨户拜访，请帖已经送到你的家门口啦，有空电话联系哦！老城区换新房找东方·状元府哟！

（7）东方·状元府的绿化升级，欢迎远道而来的花草树木，为我们社区景观园林增添视觉上的享受，优化我们社区的空气环境。

客户送给她礼物时，她也会毫不掩饰内心的小激动。话说回来，能和客户相处到这个份上，置业顾问的业绩能不好吗？

（8）一位可爱的业主，给我推荐了这款防断发控油的洗发水，两天时间快递就送到家了，真给力！用后效果过几天给大伙儿分享。我的业主真好，感谢因为一套房子，让我们认识，并成为朋友。

还有，客户带风水大师来看房子，她的紧张不安在朋友圈展露无遗。这看起来像个段子，其实是真实发生的事情。

（9）今日客户彭先生来东方·状元府看房，特意请了一位大师同行。大师气场非凡，客户嘱托我："小妹，户型不用过多介绍，好与不好，取决于他（大师）手上的神秘道具（罗盘）。"一个钟的时间，我只敢静静站在一旁，看他娴熟的手法，对着各面墙各种比画……我也不敢说话，也不敢乱问……大师终于开口说："东方·状元府地理位置绝佳，四面环山，在风水格局上，每栋楼的方位布局都非常合理，户户大阳台，可观不同朝向的开阔视野，采光通风好，对居住者的情绪和健康有积极的影响……"听了大师的话，彭先生果断下单，喜提大平层一套！看风水买房，就选东方·状元府！

当然，杨迪迪的朋友圈不只记录工作，她的个人生活同样丰富多彩。她描述自己看书学习的情景，像极了很多人的自身写照。她自嘲"穿睡衣被客户看到"的糗事，更让人忍俊不禁。

（10）温故而知新，今天的手抄笔记，密密麻麻的 3 页纸，关于销售这份工作，不光耗费体力，也伤脑力，一个字烧坏一颗脑细胞，这得上千个了！

（11）为了炒个牛肉，我容易吗我。第一次穿睡衣下楼去借香料，我的小电驴风驰电掣地从客户面前闪过，结果被认出来了，他还打电话来确认一下是不是我。完了，我精致的形象毁于一旦……

这就是杨迪迪，一个真实可信的邻家老妹（本地俗称）！

赵笑律第一次见杨迪迪，是郁晓带着团队去山东聊城名筑印象考察学习的时候。赵笑律只记得当时她话不多，一直在很认真地听、很用心地拍照。

和她熟了之后，赵笑律每次见到杨迪迪，她总是很热情地打招呼，蹦蹦跳跳，活力满满，仿佛浑身有使不完的劲。

杨迪迪从事地产销售工作 8 年了，因为长期大量说话，导致声带受损，嗓音一直很沙哑，但她始终保持着初心，感性依旧，情感丰富，用她自己的话说：

> 回首买房之路，那是一段充满汗水与拼搏的历程：卖东方首府项目，是我跑去广东被叫了几个月的“靓妹”后，回到天柱坚持时间最长的一份工作。直到现在，我都没有离开房地产销售行业。东方首府一期和二期清盘后，我实现了人生中的第一个梦想——在东方名门一期买了房安了家。
>
> 因为个子长得不够高，奈何又想看外面更宽广的世界，我便把家安在了老便桥车站那座离地面 80 多米高的地标建筑上（这里承载着游子们最深的记忆，饱含着历史的韵味和岁月的温度）。
>
> 清晨，当第一缕阳光洒在天柱城的屋顶时，崭新的一天正式开启；17:30 下班，窗外夕阳余晖为整座城披上金色薄纱，美不胜收，预示着充实的一天圆满结束。
>
> 站在窗前，视野绝佳，目光仿佛能自由穿梭于这座城市的每个角落。此刻，回想那些顶着烈日、冒着风雨早出晚归的日子，既心酸又励志！时光飞逝，感谢自己这娇小的身躯，不辞辛劳，陪伴自己度过无数个日夜……

杨迪迪认真研读了“地产营销力”系列的前两本书，她看得非常仔细，画了很多重点，做了大量的笔记，并将这些内容转化成了自己的销讲说辞。

赵笑律与杨迪迪进行了一场深入的交流，探讨销冠的成功秘诀。杨迪迪极为谦逊，始终认为团队其他成员更为出色，更值得被访谈。她反复强调自己只是做好了本职工作，并没有什么特别之处。在赵笑律的再三追问下，她才略显羞涩地总结出了八个字：勤奋、方法、用心、坚持。

其一，勤奋，即杜绝偷懒懈怠。比如，主动去积累素材发朋友圈，杨迪迪甚至会爬上周边的高楼，以便找个更好的角度来拍摄项目的工程进度。没有客户时，她会主动外出派单或者通过直播来拓展客源。短视频运营也不能放松，杨迪迪认为，不能被领导逼着去拍视频，要把它当作每天必做的事。杨迪迪的抖音账号已经积累了近万个粉丝，通过新媒体平台，她也收获了不少客户资源，实现了客户从来访到成交的转化。

其二，方法，即避免盲目蛮干。要不断学习，积极向他人请教。同行、客户都是很好的学习对象。

其三，用心，即用心服务、不敷衍应付，用心接待每一组客户，精心维护每一段客户关系。对于看似无意购房的“水客”，不应抱有功利之心，要正常接待。杨迪迪曾经接待了三个年轻人，初次到访时他们嬉笑玩闹，看似没有购房意愿，也没有经济实力，但一年后他们来买房了。杨迪迪还接待过一位大姐，虽然她已经有房子了，却将项目推荐给朋友，结果还真成交了。

其四，坚持，即持之以恒。许多努力的成效往往具有滞后性。被视频吸引的客户，可能几个月之后才会来访；接待一组客户，可能需要好多次甚至几十次的沟通才能成交。所以，坚持很重要！

杨迪迪的成长历程，算得上是当下房地产业的生存典范。当行业从资源驱动迈向能力驱动时，“真诚与专业”已然成为新的核心竞争力。就像杨迪迪在朋友圈所记录的内心独白：

> 作为一名销售，我深知买房子的不容易，因为每套房子都要花掉一个家庭很大的心血。从恋爱结婚，到宝宝出生，再到换房改善，无论哪个客户买房，都是为了在不远的将来，让家人过上更美好的生活。这份付出和努力，每次都让我动容，我都会在心里默默为他们点赞！
>
> 所以，让每个客户买到最适合他的房子，是我义不容辞的责任。我会努力根据每个客户的家庭结构，规划出最适合他的生活方式。
>
> 无论你有没有买房需求，只要想聊聊家庭教育、孩子成长，都欢迎来找我，我是你的“幸福规划师”杨迪迪，我在东方·状元府等你！

复　盘

26. 价值楼书：每个楼盘的标配

每个楼盘都需要一本价值楼书！这是赵笑律近两三年亲身实践获得的感悟！例如，他为名筑印象创作了《人生由我松弛感：名筑印象人生巅峰期生活手册》，为大河桃源撰写了《好生活 往宽了享：大河桃源高配生活手册》，还为贵州雅园项目针对不同客户群体编写了三本楼书……

为什么赵笑律认为楼书会走俏，并成为每个楼盘的标配呢？

第一，因为楼盘足够有料！

未来的房地产市场，营销会越来越回归到4P（产品、价格、渠道、推广），产品力将成为不容忽视的竞争力。比如，很多人都有这样的感受：刚需楼盘改善化，改善楼盘豪宅化，豪宅楼盘极致化！

产品力就是营销力。当下的楼盘都在卷规划、卷大门、卷立面、卷园林、卷下沉式会所、卷地库、卷户型、卷露台……如此一来，每个楼盘都会有很多值得挖掘的价值点和亮点，完全具备写成一本楼书的条件。

而各个楼盘都在产品上发力，最终导致的结果就是在同一个竞争层次的楼盘中，大家的规划配置趋近雷同，谁比谁也不会逊色太多，进而客户感知到的价值也会相差无几。那么怎么让意向买房的客户选择我们，而不是竞品的楼盘呢？

这时候，对楼盘价值的挖掘、解读、设计和传递能力，就变得尤为关键，甚至会成为拉开楼盘之间营销力差距的决定性因素！

一本优质的楼书，就是很好的价值传播载体。它不仅能把楼盘的价值讲透，还能方便客户看完后更好地做决策。

第二，因为客户特别需要！

客户来买房，本来就愿意了解楼盘更多的信息。而楼书因为信息全、内容直观，还方便翻看和携带，自然不会被客户排斥。

一本内容翔实的楼书，还能规避营销人的“知识的诅咒”。因为营销人对楼盘太熟悉了，就会想当然地觉得关于楼盘的一切实在没什么好讲的，甚至会误以为很多价值点客户已经知道了。

比如，我们熟知的人脸识别系统，可能已经成为很多楼盘的标配。所以，在很多置业顾问的潜意识里，会觉得人脸识别系统并不算自己楼盘的价值点，讲解时就会点到为止，甚至直接略过。

如果我们把人脸识别系统写在楼书里，并用可视化的方式展开讲一讲其使用场景以及可能带来的各种好处……这样有图有真相，就能进一步加深客户对楼盘的价值认知。

这时，对客户来说，人脸识别系统就有可能变成楼盘独特的卖点。因为竞品没有详细地讲解，他们被知识诅咒了，不认为这个是价值点，所以谁优先抢占了客户的心智，谁就更有可能赢得客户的青睐！

另外，楼书不仅能满足买房客户对楼盘信息的刚性需求，还能很好地迎合客户的性格特征！

仍以大河桃源为例。作为高端改善楼盘，名筑印象前来咨询的客户，大多就职于事业单位，部分领导甚至会带秘书一同来看房。他们在 DISC 性格测试中多为典型的高 D 型（老虎性格），属于指挥者类型，行事果断，说一不二。

这类客户根本就不会仔细听置业顾问的介绍，往往没等销售讲几句便直接打断，有问题时才主动询问，并且看完就匆匆离开了，只留下秘书的联系方式。

面对这样的情形，该如何保证接待时长和接待质量呢？为客户提供一本高品质的楼书，让他自己看，进而自己做决策，就显得很有必要。

同样地，如果客户的行为风格偏向 C 型（猫头鹰性格），是一个完美主义者，而且非常关注细节，那么一本涵盖了楼盘整体规划，以及全面展示了产品细节、价值亮点及内在品质等详细信息的楼书，就能切中客户需求。

如果客户的行为风格偏向 I 型（孔雀性格），是一个健谈热情的社交达人，那么一本内容翔实的楼书就是很好的谈资。如果楼书在设计上更具创意与美感，如名筑印象“爱马仕橙”风格的楼书，就会很容易在客户的朋友圈脱颖而出，成为社交货币，为客户增添声望，使其倍儿有面子。

如果客户的行为风格偏向 S 型（考拉性格），是一个不善言辞还犹豫不决的人，那么一本内容丰富的楼书就是强有力的说服工具，能帮助他迅速做出决策。

由此可见，无论客户是 DISC 性格测试中的哪种行为风格，一本优质的楼书都是不可或缺的！

第三，因为能让信息对称。

华杉老师说："营销有两种价值观，一种是利用信息不对称。消费者不需要真相，也不懂得产品科学，我只需要占领他的心智，蒙住他的眼睛，牵着他的手，让他选择我。另一种是让信息对称。假如信息对称，假如消费者是专家，懂得产品和服务的一切真相，他就一定会选择我！利用信息不对称的营销模式属于过去，当下与未来，信息对称的营销才是大势所趋。"

一本楼书，因为内容翔实，能够实现楼盘与客户之间的信息对称，让客户了解楼盘的真实情况，进而信任并选择该楼盘。

每个楼盘可供讲解的内容都非常多，客户也很容易遗忘。如果先发制人，给客户一本楼书，相当于给了他一份"产品说明书""微型售楼部"，能够帮助他更好地记住我们，并倾向于选择我们。

实际上，楼书相当于案场物料的合集，通常只需要梳理出一条逻辑主线将其串联起来。如果向客户提供的是一堆零散的资料（如单页、户型图、鸟瞰图等），不仅不方便携带，即使用手提袋提回去，他们带回家后也极容易随意丢弃。

而一本兼具质感与丰富内容的楼书放在家中，无论摆在哪里，都十分醒目，更有可能引起客户及其家人的关注，方便家人一起商讨。

也许你会心存疑虑，大家都习惯了刷短视频，没有人看长文案了，谁还会认真地看一本楼书呢？

其实，客户看不看，关键取决于楼书的内容！

现代楼盘所需要的楼书，并不是过去那种又大又厚、沉重昂贵且内容空洞、徒有其表的大部头。

当下的楼书创作，应切实围绕产品本身，深入透彻地阐释楼盘价值，站在客户角度，解答"为什么买区域、为什么买项目、为什么现在买"这三个问题。

赵笑律负责的楼书，不会刻意追求高端的材质工艺，即便只是一本白皮书式的册子，他也会力求通过内容去打动客户。

而且，楼书并非只能有一本。一个楼盘可挖掘的价值点非常多，完全可以独立成楼书。比如，园林手册、建筑手册、生活方式手册、物业手册等。只要内容充实，多几本也无妨！

实际上，赵笑律负责的楼书，都备受团队和客户的青睐。有些客户第一天领取一本后，第二天还会再来向置业顾问领一本，甚至有人一次领取好几本，只为赠送给朋友。同行就更不用说了，每本楼书都会成为他们的收藏品。

楼书的呈现形式也可以丰富多样。例如，兔巴哥置地的海棠悦府项目的楼书在末页设置了插页，能直接放置楼盘的物料和销售的名片，这样就使楼书兼具了手提袋的功能，很好地做到了降本增效！

好楼盘，需要好楼书！

27. 情绪价值：不卖房子，卖价值观

那个被戏称为“劳力士破了块皮”的烂尾楼项目，终究没能等来凤凰涅槃的奇迹。

得益于占据城市核心地段与顶级学区的先天优势，即便在荒废十年后重启销售，临时售楼部里依然每天人潮汹涌，客户争着想交钱预定购房名额。

这本该是一场教科书级别“起死回生”的营销战役，结果却在规划方案的反复修改中贻误了战机——长达半年的方案拉锯战，让项目的热度在客户的一次次失望中消磨殆尽。

更为致命的是，开发策略存在根本性矛盾：既想借保留的烂尾楼快速回笼资金，又试图用未经验证的规划图纸打动客户。这种自相矛盾的决策，直接导致了双重信任危机。

一是实体展示缺失。工期停滞不前，以致被客户嘲讽：项目宣传了几个月，就改造了一个售楼部，房子一点都没建。

二是社会口碑崩塌。工程始终不见进展，想依靠烂尾楼收钱，致使开发商圈钱的声音愈演愈烈，客户信心崩盘，观望情绪极为浓厚。

当规划尘埃落定时，房地产市场已是天壤之别。区域里降价、甩卖、烂尾的现象层出不穷，竞品争抢客户的情况也屡见不鲜。而该项目急需回笼资金，开盘已刻不容缓。

雪上加霜的是，那几栋烂尾楼成了定时炸弹，有些买过房的客户，回到家后就遭到亲戚邻居的吐槽：“你怎么能买个烂尾楼呢？”客户顿感颜面无光，隔天便要求退房。在熟人至上的小城社会，烂尾楼的负面效应在非议中不断发酵。

如果用一句话总结失败的原因，就是给客户提供的情绪价值完全是负的。

蔡钰老师在《情绪价值》一书里提出了一个公式：产品价值＝功能价值＋资产价值＋情绪价值。

作为商品的房子，功能价值越来越雷同，资产价值接近于零，此时，情绪价值就成了影响客户购买决策的砝码。

本身项目就有烂尾的“前科”，工程进度和现场展示再滞后，不仅迟迟打

消不了客户的疑虑，而且增添了再次“烂尾”的嫌疑，结果不言而喻。

赵笑律对比了一年前拍摄的工地照片，发现除了多了几个塔吊外，几乎没有一点变化，这一年的时间，可以说是白白浪费了。

一旦楼盘提供给客户负向的情绪价值，无论楼盘的地段多核心、学区多无敌、规划多超前……都弥补不了客户的信心缺失！

毕竟，营销不是万能的，更不是忽悠和欺骗。

一个时代结束了，其架构、经验和代码都得清零。

信心比黄金重要，客户的信心一旦崩塌，想要再树立起来，谈何容易！

“破了块皮的劳力士”，一手好牌，被打得稀烂！

刘德科老师说，以后没有做全维示范区，就很难自称是高级楼盘了。

因为全维示范区对开发商的能力要求很高。如果开发商的能力不够，根本就做不出全维示范区；即使勉强做出来，恐怕也经不起购房者的检验。

全维示范区是对未来生活的真实预演，它能生动地呈现交付后的生活场景。如果不做全维示范区，就没法给客户提供“所见即所得”的直观感受，房子就卖不出去。只有让客户眼见为实，才能激发他们的购买欲望。

工程进度直接影响着客户的购房信心。当下的许多新楼盘，卖着卖着就卖成了现房。房地产正在进入现房销售的时代！沙盘、户模等传统销售道具，都将逐渐退出历史舞台。

卖房的逻辑正在悄然发生变化。单纯地依靠规划与造梦，已经很难再获得客户的认可。客户更倾向于眼见为实，他们更关注楼盘的运营状况、物业服务水平和业主口碑。

香帅老师说：中国房地产市场进入了“瓷器时代”。

之前“黄金时代、白银时代、黑铁时代”的说法，都是以金属来象征，强调的是房产的投资属性，无非是从“贵金属”到“贱金属”，房子的投资价值逐渐降低。

当下，房产的消费属性日益凸显，客户对于审美、体验和品位这些情绪价值的追求与日俱增。未来，房地产行业并非步入“贱金属时代”，而是迈入更为精细微妙的“瓷器时代”，需兼顾投资、功能与审美等多重属性。

相较于贵金属具有统一的市场定价，瓷器的定价难以标准化。在瓷器的世界里，美与实用都是核心价值，并且瓷器的价格分化更为显著，价格体系也更为脆弱。

房地产行业正从注重投资增值转向聚焦消费保值。在此背景下，气候条件、社区服务质量、房屋设计水平以及审美风格等因素，将更多地被纳入房产估值体系，进而催生出更多发展机遇。换句话说，情绪价值将成为房地产的下一个竞争赛道。

时代变了，充当炼金术的“房子”开始退出舞台，而作为消费、生活载体的“屋子”开始崭露头角。

赵笑律更倾向于将“情绪价值”定义为“价值观”！

毕竟，只有“人”才拥有价值观！而房地产行业，本来就是围绕着“人”展开的，始终致力于研究人满足人的需求的行业。那么，卖房子，不是卖商品，而是卖价值观的观点，完全成立。

营销的核心，在于传递价值观，而房子就是价值观的载体。

赵笑律服务名筑印象时，提出的价值观是松弛，是人文书香，是家风！

赵笑律服务大河桃源时，提出的价值观是高配，是自然教育，是陪伴！

赵笑律服务东方·状元府时，提出的价值观是高门大户，是家族传承！

…………

房子卖价值观，而价值观的核心是取舍。有所舍弃，方能有所坚守，这便是价值观的体现。

舍弃短期利益的诱惑，专注于产品品质的雕琢；摒弃标准化的复制模式，追求定制化的独特体验；告别营销话术的堆砌，致力于打造可感知的价值场景……诚如松浦弥太郎所说：真正的奢侈品，是那些能让人心生憧憬的事物。

客户买房的需求变了，我们也要跟着改变。比如，什么也不想，好好把房子盖好，好好把服务做好！

这才是房地产行业最朴素的价值观！

28. 心理账户：为什么要买房子

受市场行情影响，众多一二线城市的房地产操盘手下沉到三四线城市担任营销总监。

他们往往头顶成功者的光环，迷信过往的经验，试图通过降维打击复制成功。有人热衷于举办大型活动，有人执着于构建分销渠道，还有人醉心于拔高项目调性……然而现实都是：不仅经验失灵，更因严重的水土不服而折戟沉沙，最终只能黯然离场。

实际上，三四线城市的房地产营销挑战更大。一二线城市能优先享受政策与人口红利，而三四线城市，因为购买力和市场需求都有限，反而需要下更大的功夫。

无论处于哪个时代、在哪个城市开展营销工作，都要敬畏市场、敬畏楼盘、敬畏客户。营销没有“一招鲜，吃遍天”的妙招，都是“一盘一策”，要具体楼盘具体问题具体分析。

房地产已经从刚需阶段、价值阶段，进入了如今的消费品阶段，呈现出供严重大于求的市场态势！

房地产存量房时代已经来临，曾经的产品为王、硬件为王正在转向内容为王、生活为王！那么，存量房时代的房地产营销，应该怎么做？

或者换句话说，当下的消费品阶段，很多客户都有房，为什么还要再买房？

《新中产白皮书 2023》里提到，人们买房，是为了解决家庭组织裂变产生的空间需求问题。

例如，一位离异的金融女高管，独自抚养 12 岁的孩子，现居住在市中心一套 180 平方米的大平层里。尽管该房屋房龄较长、物业服务欠佳，但居住空间完全能满足他们的需求。然而，这位女高管仍然选择斥资近千万元，买了一套位于三环的城市别墅。因为她有对不满意的生活说“不”的底气，更重要的是，她为事业牺牲了很多，陪伴孩子的时间很少，她不想在日常生活中再亏欠自己和孩子。她将地下室作为与闺蜜的社交空间，把露台留给儿子发展兴趣爱好。

又如，一位退休护士长，在医院旁不足100平方米的房子里与家人居住了30年，和邻居相处融洽。她平日生活节俭，但促使他换房的关键因素，是老小区没有电梯，给她和老伴的出行带来了极大的不便。于是，她在离家不远的地方买了一套140平方米的洋房。尽管价格很高，但想到孩子已经成家，不需要他操心，自己事业有成，也不用再起早贪黑地奔波忙碌，也该真正地为自己活一回了，她便毫不犹豫地买了。

再如，一对年轻夫妻育有一个2岁的孩子，居住在郊区。女方为全职妈妈，负责照料孩子；男方在市区上班，每天挤地铁通勤需要2小时。考虑到孩子即将上学，夫妻俩一直打算在市区再购置一套房子。然而，他们经济能力有限，需要父母资助。但公婆对此颇为抵触，毕竟郊区的婚房也是他们出资买的，而且婆婆对儿媳多有不满。最终，婆婆同意买房，是考虑到2岁亲孙子的未来！如果不再买一套房，孙子将无法享受到市区优质的教育资源。如果不在市区买房，儿子每天要耗费大量时间在通勤上，无暇陪伴孙子，会影响孩子的成长。

…………

这些客户买房，并非单纯为自身考虑，更多的是期望家人都过上更美满的生活！

这背后的深层逻辑，正是心理账户！

每个人在内心深处，都会对钱财进行分类，存入不同的账户。例如，生活必需开支账户、情感维系账户、意外所得账户、享乐休闲账户、零钱账户、虚荣账户、慈善账户、家庭建设与个人发展账户等。尽管这些账户都隶属于一个大账户，但实际上各个子账户相互独立。

“蚂蚁花呗”“京东白条”“零存整取”等，都属于零钱账户。

如果在路上捡到50元钱，你会第一时间想着尽快花掉，这便是意外所得账户在起作用。

“今年过节不收礼，收礼还收脑白金”“爱她就带她吃哈根达斯”“给自己买件羊绒大衣舍不得，给太太买却很大方”……这些都体现了情感维系账户的特点，即便价格高昂，人们也甘之如饴，甚至觉得太便宜的拿不出手。

为什么人们会有诸多非理性消费行为？根源在于每个人愿意花钱的地方不一样。有些人不惜花几十万元买辆宝马，却为了节省五元的停车费甘愿将车停在一公里外，步行前往商场；有些人因为鸡肉每斤贵了五角钱便宁愿多骑行十分钟，也要到菜市场购买；还有人购买二十元一杯的奶茶时毫不犹豫，充值视频网站会员却舍不得，转而四处向朋友借……

或许曾经显得小气的朋友，会在某一天突然变得慷慨大方。这不是他本性小气，而是你的产品未契合他愿意付费的心理账户。

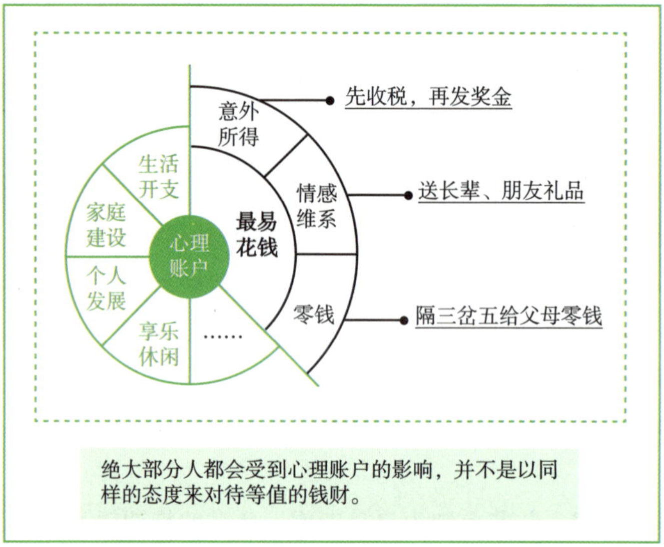

心理账户释义（源自刘润《5 分钟商学院》）

市场营销的关键，在于尽可能地开启客户愿意消费的那个心理账户。

人们往往在为他人，尤其是为家人消费时出手阔绰，而对自己较为吝啬。为孩子报价格高昂的培训班，为妻子购置奢侈品，为父母选购智能马桶……这些消费行为都承载着对家人深深的爱。

因此，最为有效的营销手段，便是激发客户对父母、子女和伴侣的关爱之情。

倘若能够精准挖掘客户的此类心理账户，营销工作将变得更加高效。

赵笑律在服务楼盘时，所采用的营销策略不是强行推销，而是着眼于客户的心理账户。

在名筑印象，客户往往是为了家庭的人文书香而买房。毕竟，商业场所随处可见，而图书馆却十分稀缺。繁华的环境未必能为孩子铺就美好的未来，而充满人文底蕴的地方却一定可以。

选择大河桃源的客户，是为了孩子能有个自然成长的童年，不被电子产品捆绑。该小区拥有整个聊城规模最大的儿童乐园，孩子每天完成作业后，便可以在小区内尽情嬉戏。到了周末，家长还能带着孩子前往徒骇河和橡胶坝公园露营、游玩。

购买东方·状元府的客户，是着眼于孩子的未来与家庭的幸福。东方·状元府周边学校林立，孩子最晚起床最早到校，每天能多睡十分钟；此外，户型赠送面积大，楼下配套设施齐全，一家人有更多的空间欢聚在一起，自然幸福指数更高。

…………

心理账户也是挖掘房子情绪价值最有力的武器。

东方·状元府销冠杨迪迪在朋友圈记录的“蒋阿姨为孙子买大平层的故事”，就是客户对“家族传承”的心理账户投资。

另一个小伙子买婚房，丈母娘点头应允婚事。这时，婚房就不再是简单的交易标的，而是成为两个家族的情感纽带。“婚姻美满”的心理账户权重，早已超过了房屋本身的价值。

…………

促使男性消费的关键心理账户是“面子与义气”；吸引女性消费的心理账户是“美丽与孩子”；驱动老人消费的心理账户是“健康与不孤独”；让父母为孩子花钱的心理账户是“成绩与成长”；使孩子为父母花钱的心理账户则是“孝心”……

当然，运用心理账户进行营销并非欺骗之举，必须与项目的实际价值高度契合，并有相应的产品和配套作为支撑。心理账户的运用，旨在触动客户内心最为感性与柔软的部分，与客户达成“共情”——将原本仅关乎自身的理性诉求，升级为与家人紧密相连的感性关怀。

毕竟，我们买房的终极意义，就是为了让家人、让自己都过上更好的生活！

29. 超级外脑：用 AI 赋能营销

我们正在进入“一句话干活”的时代。AI 的价值不在于取代人类，而在于放大人类的智慧。

作为一个写书人，赵笑律自然不会错过 AI 这一写作利器。从《地产营销力 2》开始，他就借助 AI 描写人物对话场景、刻画人物情绪变化等，极大地提高了写作效率和效果。

在写这本《地产营销力 3》时，赵笑律也把 AI 工具当成了得力助手，不仅用 AI 优化大纲，还用 AI 修改书稿，直接提升了写作速度。

未来不属于 AI，而属于掌握了 AI 的人。在《进化的力量：刘润 2024 年度演讲》中，刘润老师提到了“拥抱人工智能的十种姿势”，并将其划分为三个级别：票友级、职业级、大师级。

票友级包含三种姿势：看新闻、开始用、多探索。

职业级涵盖五种姿势：学原理、懂具身、装模型、训数据、找方案。

大师级则包含两种姿势：做模型、改范式。

每一个级别，都是从前往后，难度和深度依次递增。

赵笑律是科技小白，还处在票友级中的“多探索”阶段。他并不局限于使用一个 AI 工具，而是广泛尝试。由于写作需求较大，他常用的 AI 软件有：Get 笔记、DeepSeek、文心一言、腾讯元宝。

例如，赵笑律会将写好的内容章节分别发送给不同的 AI 工具，让它们各自生成一篇文章。随后，赵笑律会对比各段落的优劣，并将优质内容加以提炼，从而创作出一篇高质量的文章。

身为一名营销人，AI 无疑是完美的超级助理。借助 AI 进行逻辑思考、撰写文案、制定方案以及编写脚本等，让赵笑律工作起来事半功倍。

以 DeepSeek 为例，在让 AI 正式投入工作之前，赵笑律会先上传楼盘的资料，或者发送楼盘的文字介绍。比如，赵笑律就将东方 · 状元府的销讲说辞“投喂”给了 DeepSeek，后续所有的提问都是基于这个前提开始的。

接着，他会下达指令，要求 DeepSeek 为东方 · 状元府生成 10 条爆款的短视频脚本。看到生成的内容，赵笑律不禁暗自欣喜，DeepSeek 是懂流量密码的，脚本标题吸睛，内容极具煽动性。尽管有部分镜头在实际操作中执行难度较大，但文字内容十分实用。

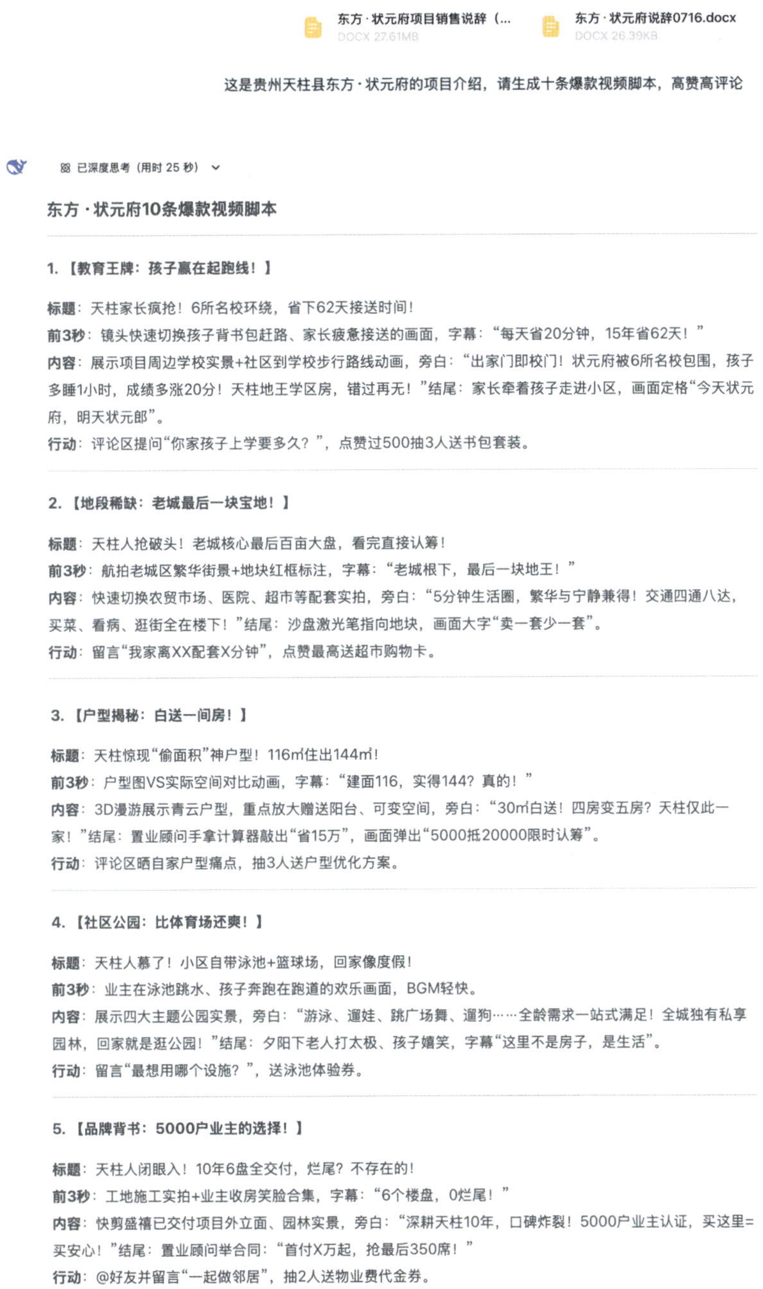

东方·状元府项目销售说辞（...
DOCX 27.61MB

东方·状元府说辞0716.docx
DOCX 26.39KB

这是贵州天柱县东方·状元府的项目介绍，请生成十条爆款视频脚本，高赞高评论

已深度思考（用时 25 秒）

东方·状元府10条爆款视频脚本

1.【教育王牌：孩子赢在起跑线！】

标题：天柱家长疯抢！6所名校环绕，省下62天接送时间！
前3秒：镜头快速切换孩子背书包赶路、家长疲惫接送的画面，字幕："每天省20分钟，15年省62天！"
内容：展示项目周边学校实景+社区到学校步行路线动画，旁白："出家门即校门！状元府被6所名校包围，孩子多睡1小时，成绩多涨20分！天柱地王学区房，错过再无！"结尾：家长牵着孩子走进小区，画面定格"今天状元府，明天状元郎"。
行动：评论区提问"你家孩子上学要多久？"，点赞过500抽3人送书包套装。

2.【地段稀缺：老城最后一块宝地！】

标题：天柱人抢破头！老城核心最后百亩大盘，看完直接认筹！
前3秒：航拍老城区繁华街景+地块红框标注，字幕："老城根下，最后一块地王！"
内容：快速切换农贸市场、医院、超市等配套实拍，旁白："5分钟生活圈，繁华与宁静兼得！交通四通八达，买菜、看病、逛街全在楼下！"结尾：沙盘激光笔指向地块，画面大字"卖一套少一套"。
行动：留言"我家离XX配套X分钟"，点赞最高送超市购物卡。

3.【户型揭秘：白送一间房！】

标题：天柱惊现"偷面积"神户型！116㎡住出144㎡！
前3秒：户型图VS实际空间对比动画，字幕："建面116，实得144？真的！"
内容：3D漫游展示青云户型，重点放大赠送阳台、可变空间，旁白："30㎡白送！四房变五房？天柱仅此一家！"结尾：置业顾问手拿计算器敲出"省15万"，画面弹出"5000抵20000限时认筹"。
行动：评论区晒自家户型痛点，抽3人送户型优化方案。

4.【社区公园：比体育场还爽！】

标题：天柱人慕了！小区自带泳池+篮球场，回家像度假！
前3秒：业主在泳池跳水、孩子奔跑在跑道的欢乐画面，BGM轻快。
内容：展示四大主题公园实景，旁白："游泳、遛娃、跳广场舞、遛狗……全龄需求一站式满足！全城独有私享园林，回家就是逛公园！"结尾：夕阳下老人打太极、孩子嬉笑，字幕"这里不是房子，是生活"。
行动：留言"最想用哪个设施？"，送泳池体验券。

5.【品牌背书：5000户业主的选择！】

标题：天柱人闭眼入！10年6盘全交付，烂尾？不存在的！
前3秒：工地施工实拍+业主收房笑脸合集，字幕："6个楼盘，0烂尾！"
内容：快剪盛禧已交付项目外立面、园林实景，旁白："深耕天柱10年，口碑炸裂！5000户业主认证，买这里=买安心！"结尾：置业顾问举合同："首付X万起，抢最后350席！"
行动：@好友并留言"一起做邻居"，抽2人送物业费代金券。

DeepSeek 为东方·状元府生成的部分爆款短视频脚本

赵笑律并不满足于只给楼盘创作视频脚本，他希望为东方·状元府拍一条具有城市高度的视频，引起更多天柱人的情感共鸣。天柱三门塘拥有深厚的宗祠文化，东方·状元府的入户门高达 2.3 米，比普通的楼盘入户门要高 20 厘米。他计划从高门大户的角度出发，展现“高门大户出望族”的理念，实现古今对话与文化传承，同时弱化房产销售的意图。

想拍一条城市层面的视频，引起更多天柱人的共鸣。天柱三门塘，宗祠文化，状元府的入户门高2.3米，普通的楼盘入户门高2.1米，想从高门大户的角度，高门大户出望族，古今的一种对话，传承，弱化卖房子，请帮我写一个视频脚本。

已深度思考（用时 23 秒）

视频脚本：高门大户，传承古今

标题：天柱人的门楣信仰！2.3米高门，藏着千年望族的秘密

时长：1分30秒

核心主题：以“高门”为纽带，串联天柱宗祠文化与现代人居，传递“门庭显赫，家脉永续”的精神内核，弱化销售，强化文化共鸣。

【镜头1：古韵之门·宗祠传承】（0-15秒）

- **画面**：晨曦中，三门塘古宗祠的雕花木门缓缓推开（特写门楣上的“进士及第”匾额），镜头跟随一位身着侗族服饰的老人跨过高门槛，进入祠堂。
- **旁白**（低沉男声）：“天柱人信门，门是家族的根。古时高门立户，藏着一方望族的荣耀。”
- **字幕**：**“门高，志远”。**

【镜头2：时空对话·门庭之变】（16-30秒）

- **画面**：宗祠门的特写（2.3米高）与普通楼盘入户门（2.1米）快速对比剪辑，最后定格在状元府铜制入户门的全景。
- **旁白**：“从前，高门是功名与德行的刻度；如今，门庭是家族精神的延续。”
- **字幕**：**“天柱最后的高门，藏着一座城的骄傲”。**

【镜头3：仪式之礼·归家即尊崇】（31-50秒）

- **画面**：现代家庭场景——父亲轻推状元府2.3米铜门，孩子仰头望门（慢镜头），门内光影洒落，展现玄关处的“家训”书法墙。
- **同期声**：门轴转动的厚重声、孩子的惊叹声：“爸爸，这门好高呀！”
- **旁白**：“高门，是归家的第一重仪式。低头跨过的是门槛，抬头望见的是传承。”
- **字幕**：**“门庭显赫，始于足下”。**

【镜头4：文化烙印·门楣故事】（51-1分10秒）

- **画面**：镜头切换——宗祠门楣上的“耕读传家”石刻 ↔ 状元府入户门上的云纹浮雕。
- **旁白**（老者声音，方言）：“老话说，门高七尺，心宽一丈。天柱人讲究门风，门里是家，门外是世。”
- **字幕**：**“门，是天柱人的精神图腾”。**

【镜头5：未来之门·家族新章】（1分11-1分30秒）

- **画面**：三代同堂在状元府门前合影（仰拍视角突显门高），老人抚摸门框，孩子奔跑进社区园林，画面渐虚化，叠印古宗祠全景。
- **旁白**：“从前的高门，守着百年宗祠；今天的高门，托起世代家愿。天柱的魂，在门里，更在门外。”
- **结尾字幕**：**“高门大户，天柱根脉”——东方·状元府，与城共生长**
- **背景音乐**：侗族大歌旋律渐起，融合现代钢琴尾声，古今交融。

DeepSeek 为东方·状元府生成的城市短视频脚本

这次生成的视频脚本内容，令赵笑律惊叹不已。他不禁暗自钦佩：以他的能力，绝无可能在如此短的时间内创作出下面这样高质量的文案。

天柱人的门楣信仰！ 2.3 米高门，藏着千年望族的秘密

旁白：天柱人信门，门是家族的根。古时高门立户，藏着一方望族的荣耀。

字幕："门高，志远。"

旁白："从前，高门是功名与德行的刻度；如今，门庭是家族精神的延续。"

字幕："天柱最后的高门，藏着一座城的骄傲。"

旁白："高门，是归家的第一重仪式。低头跨过的是门槛，抬头望见的是传承。"

字幕："门庭显赫，始于足下。"

旁白："老话说，门高七尺，心宽一丈。天柱人讲究门风，门里是家，门外是世。"

字幕："门，是天柱人的精神图腾。"

旁白："从前的高门，守着百年宗祠；今天的高门，托起世代家愿。天柱的魂，在门里，更在门外。"

结尾字幕："高门大户，天柱根脉——东方·状元府，与城共生长。"

赵笑律反复品味，深感文案大气磅礴，忍不住拍手叫绝。

另一个项目贵州雅园，由于楼盘需要在从市区前往项目的途中投放户外高炮广告，赵笑律在发完楼盘介绍后，便给 DeepSeek 下达指令撰写广告文案，要求文案能吸引客户的目光，精准击中客户的痛点。结果 DeepSeek 一下子生成了五个不同版本的广告方案，不仅涵盖了广告内容，还提供了画面设计要求和投放策略，考虑十分周全。

贵州雅园计划投放户外广告，比如从市区到项目来的路上的高炮广告。请写一下广告内容，要求能吸引客户来看雅园，或者激发他们痛点。

‹ 17 / 17 ›

已深度思考（用时 32 秒）

贵州雅园高炮广告设计方案

核心策略：**痛点直击+价值承诺+行动指令**，3秒内抓住眼球，10秒内激发到访欲望。

版本1：环境痛点型

视觉：

- 左半屏：拥堵的市区街道（灰暗色调）
- 右半屏：雅园下沉广场的晨练人群（明亮色调）
  文案：
- 主标题：**"逃离市区喧嚣，退养只需20分钟"**
- 副标：**"凯里南站旁·3000㎡实景广场·第四代住宅"**
- 行动句：**"扫码预约，免费体验雅园一日康养生活▼"**

版本2：圈层价值型

视觉：

- 俯拍视角：下沉广场的保龄球馆+露台烧烤场景+图书馆
  文案：
- 主标题：**"在雅园，你的邻居可能是退休教授、画家、旅行家"**
- 副标：**"凯里首个50+新大龄青年社群，活出心花怒放的人生"**
- 行动句：**"4300元/㎡起，扫码抢占圈层门票▼"**

版本3：家庭痛点型

视觉：

- 三代同堂在下沉广场互动（老人打太极、孩子奔跑、父母微笑注视）
  文案：
- 主标题：**"在市区，三代人挤90㎡；在雅园，全家共享3000㎡"**
- 副标：**"幼儿园到初中/业主食堂/全龄活动空间 实景呈现"**
- 行动句：**"本月签约送30㎡露台软装，名额有限▼"**

DeepSeek 为贵州雅园生成的高炮广告设计方案

版本4：养老焦虑型

视觉：

- 对比组图：
  - 左：孤独老人坐在市区老房窗前
  - 右：老人在雅园泳池边与友人举杯

  文案：
- 主标题：**“别让退休生活，只剩电视和药瓶”**
- 副标：**“保龄球馆/私宴厅/颐乐学院 重新定义50岁+”**
- 行动句：**“预约看房送《退休生活改造手册》▼”**

版本5：时间紧迫型

视觉：

- 巨型倒计时数字“58”（象征凯里市区到雅园的车程分钟数）

  文案：
- 主标题：**“每天多花58分钟堵车，不如提前58个月享受人生”**
- 副标：**“高铁旁第四代住宅，把时间留给保龄球和露台烧烤”**
- 行动句：**“本月购房享高铁通勤补贴▼”**

执行要点

1. **视觉暴力**：
   - 文字占比≤40%，用超大字号标题（≥1.5米高度）
   - 人物表情特写：展示大笑、放松、充满活力的面部表情
2. **痛点设计**：
   - 聚焦**“孤独、拥挤、时间浪费、价值感缺失”**四大核心痛点
   - 用**“市区VS雅园”**对比构图强化认知冲突
3. **行动诱导**：
   - 二维码放大至≥1米×1米，反光材质确保夜间可扫
   - 所有版本统一外框标语：**“退养在雅园，硬核新活法”**

投放策略

- **路段选择**：市区通往高铁站必经之路、老城区拥堵路段
- **版本组合**：
  - 进城方向：版本1/4（激发痛点）
  - 出城方向：版本2/3（展示理想生活）
- **数据监测**：每个版本二维码带独立参数，实时统计到访转化率

通过这组广告，将贵州雅园从**“房产项目”**升维为**“退休生活解决方案”**，在目标客群必经之路上完成认知狙击。

DeepSeek 为贵州雅园生成的高炮广告设计方案（续）

赵笑律还让 DeepSeek 模仿许舜英、林桂枝等广告界大咖的写作风格，给贵州雅园创作了一段能获得高赞的朋友圈文案。DeepSeek 总能带来惊喜，这次创作的价值文案，又让人眼前一亮！

请模仿许舜英的风格，为我写一段能获得高赞的朋友圈文案，我的产品是贵州雅园的房子。

已深度思考（用时 27 秒）

朋友圈文案：贵州雅园的房子（许舜英风格）

标题：
当凯里的山雾漫过露台，你终于读懂了时间的语法

正文：

关于居住的另一种解释
在贵州雅园，房子不是容器，而是动词——
它是清晨6:03分露台藤椅与山雾的私语，
是下沉广场3000m²空间对笑声的拓扑学解构，
是第四代住宅用混凝土翻译的《逍遥游》。

关于50岁的非标准答案
他们告诉你退休是句号，我们偏要写成冒号：
保龄球馆的抛物线比财务报表更接近真理，
图书馆的木质长桌能同时盛放《黄帝内经》与波德莱尔，
而那个被都市折叠了三十年的露台，终于在此处展开成平行时空。

关于距离的悖论
凯里南站旁2分钟的物理距离，
恰好等于从“活着”到“生活”的量子跃迁。

DeepSeek 为贵州雅园生成的朋友圈文案 1

他还针对 30 平方米的大露台，根据不同的使用场景，让 DeepSeek 生成朋友圈高赞文案。

AI 不只是文案工具，更是方案工具。赵笑律运用 DeepSeek 规划出了贵州雅园全年的营销活动——依据不同月份和节点进行安排，这些活动每年可以重复开展，形成一套完整的营销日历。同时，他还利用 DeepSeek 撰写了贵州雅园全年的营销方案、季度的营销方案，再借助豆包 App 生成脑图或 PPT。以往需要两三天才能完成的工作，现在半天就能高质量完成。

围绕贵州雅园第四代住宅赠送的30平米大露台，针对不同的使用场景，生成10条朋友圈爆赞文案

‹ 23 / 23 ›

已深度思考（用时 20 秒）

贵州雅园30㎡露台场景化朋友圈文案10条

（场景沉浸+价值升维+行动钩子，每条配图建议附后）

---

1. 家庭欢聚场景

文案：
“以前聚餐挤客厅，现在全家抢露台！
30㎡星空下烧烤，孩子的笑声比烟花更灿烂✨
▼本周末露台派对开放体验，手慢无▼”
配图：露台餐桌摆满美食，三代人举杯合影

---

2. 都市农场场景

文案：
“在凯里，我实现了‘蔬果自由’🍑
30㎡露台种菜养花，早餐沙拉从阳台到餐桌只要3步！
（邻居们已经开始以物易物了）”
配图：露台菜园特写+装满蔬菜的藤编篮

---

3. 圈层社交场景

文案：
“朋友说我家是‘凯里私人会所’——
30㎡露台+私宴厅，红酒品鉴会/茶艺沙龙轮流办
下次主题：星空电影夜，留言报名占位！”
配图：夜晚露台投影电影+红酒架

---

4. 亲子成长场景

文案：
“别让孩子在补习班度过童年！
30㎡露台=自然课堂：
观星望远镜🔭+昆虫观察箱+亲子种植区
这周末开放科学实验课，扫码约▼”
配图：孩子用显微镜观察植物

---

5. 退休疗愈场景

文案：
“跳了30年广场舞，终于有自己的舞台！
30㎡露台装下：
太极区☯️+茶艺角+多肉花园
阿姨们正在排练新节目，缺个C位！”
配图：晨光中老人打太极

DeepSeek 为贵州雅园生成的朋友圈文案 2

6. 宠物友好场景

文案：
"自从搬来雅园，狗子再也不拆家了！
30㎡露台=它的撒欢王国：
宠物泳池🏊+攀爬架+社交草坪
（周末宠物相亲会，狗主子速来）"
配图：金毛在露台泳池戏水

---

7. 文艺青年场景

文案：
"逃离市中心loft，我在露台造了个工作室——
30㎡=油画角🎨+书吧+咖啡吧
原来理想生活不需要远方！"
配图：画架旁散落颜料，咖啡杯冒热气

---

8. 养生党专属场景

文案：
"住雅园后，体检报告全正常了！
30㎡露台=天然氧吧：
中药圃🌿+清晨瑜伽区+日落冥想台
（附赠业主养生食谱，私我领取）"
配图：露台瑜伽垫+药草特写

DeepSeek 为贵州雅园生成的朋友圈文案 2（续）

请结合华与华理论客户"来之前 来之中 来之后"的方法论，重新梳理营销策略

结合 **华与华"来之前、来之中、来之后"** 的方法论，以下是针对 **贵州雅园项目** 的营销策略梳理，旨在通过 **全流程客户体验设计**，实现高效转化和口碑传播：

一、来之前：让客户知道并感兴趣

核心目标：

通过 **超级符号+超级话语**，让客户记住项目并产生兴趣。

策略：

1. **超级符号设计**：
    - **视觉符号**：以"露台+下沉广场"为核心，设计简洁易记的LOGO和主视觉。
    - **场景符号**：打造"50+新大龄青年社群活动"场景，形成独特记忆点。
2. **超级话语传播**：
    - **Slogan**：**"退养在雅园，硬核新活法！"**
    - **广告语**：
        - **"50岁后住进凯里'神仙小区'，每天都是花样年华！"**
        - **"家家有露台，户户有庭院，凯里南站旁的高品质生活！"**
3. **线上推广**：
    - **短视频平台（抖音/快手）**：
        - 内容：业主真人出镜+配套实景展示
        - 标题：**"50岁后住进凯里'神仙小区'，每天都是花样年华！"**

DeepSeek 为贵州雅园生成的营销方案

二、来之中：让客户来了就买

核心目标：

通过 **极致体验+超级服务**，让客户当场决策。

策略：

1. **极致体验设计**：
    - **动线设计**：
        - 入口：巨型“退养在雅园，硬核新活法”广告牌。
        - 动线：从下沉广场→保龄球馆→露台样板间，全程沉浸式体验。
    - **场景打造**：
        - 下沉广场：老人打太极、孩子奔跑。
        - 露台样板间：女主浇花、男主烧烤。
        - 社群活动：茶艺班、舞蹈班现场展示。
2. **超级服务设计**：
    - **专属接待**：为每位客户配备“生活顾问”，全程陪同讲解。
    - **试住体验**：推出“3天2晚免费试住”活动，让客户亲身感受。
    - **逼单工具**：
        - **价格锚点**：展示“露台软装赠送”价值（如“价值5万，限时免费”）。
        - **稀缺性**：强调“凯里首个50+高品质社区，房源有限”。
3. **社群活动**：
    - **定期活动**：每周举办茶艺、舞蹈、书法等兴趣班，吸引客户参与。
    - **业主分享会**：邀请已购房业主分享入住体验，增强信任感。

三、来之后：让客户买了还买，买了还推荐

核心目标：

通过 **超级口碑+超级社群**，实现老带新和持续销售。

策略：

1. **超级口碑设计**：
    - **业主故事**：拍摄业主生活短视频，展示“退养在雅园”的真实体验。
    - **口碑传播**：推出“老带新奖励计划”，老业主推荐新客户，奖励物业费或购物卡。
2. **超级社群设计**：
    - **社群运营**：
        - 建立“雅园生活家”社群，定期组织活动（如露天音乐会、烧烤派对）。
        - 推出“雅园生活月刊”，展示业主故事、社群活动、项目动态。
    - **增值服务**：
        - 为业主提供专属健康管理、家政服务、旅游定制等增值服务。
3. **持续销售**：
    - **二期预热**：通过社群和口碑传播，提前预热二期房源。
    - **全国推广**：基于凯里优良气候和交通条件，面向全国推广康养度假房源。

四、执行计划

1. **第一阶段（1-2周）**：
    - 完成超级符号设计（LOGO、主视觉）。
    - 上线短视频+朋友圈广告。

DeepSeek 为贵州雅园生成的营销方案（续）

DeepSeek 撰写的公众号推文高效快捷、质量上乘。刘德科老师评价：DeepSeek 的出现，会让 90% 以上的房地产文章相形见绌，这里既包括各类媒体的文章，也涵盖各种专家的发言。

几乎对于所有你关注的楼市问题，DeepSeek 都能在 20 秒内生成一篇逻辑严谨、观点清晰的小作文。尽管这些小作文缺乏“突破性见解”，偶尔也会存在一些瑕疵，但已经超越了市面上 90% 的房地产文章。

结合凯里高品质住房政策，围绕第四代住宅，给贵州雅园写一篇公众号推文，500～1000字，介绍第四代住宅比普通住宅的优势，激发客户购买欲

‹ 11/11 ›

已深度思考（用时 22 秒）

标题：

【政策红利+第四代住宅】在凯里，这才是未来十年的“硬核”居住方式！

开篇：政策东风已至，人居革命启航

2023年，凯里市重磅推出 **《高品质住宅建设试点方案》**，明确支持第四代建筑发展：**空中花园、绿化阳台不计入建筑面积，30%绿化计入绿地率，空中停车位创新核算**……政策红利之下，贵州雅园以 **“第四代住宅领航者”** 之姿，率先打造凯里南站旁 **73万㎡全维生活体**，重新定义“好房子”标准！

一、第四代住宅VS普通住宅：一场居住维度的“降维打击”

1. 空间革命：从“蜗居”到“奢侈生长”

- **普通住宅：**
  公摊吞噬面积，100㎡到手仅70㎡；阳台封闭难利用，晾衣架与杂物争空间。
- **雅园第四代住宅：**
  政策赋能： 30㎡露台+空中花园 **全赠送**，实得面积最高达130%！
  场景裂变： 露台=家庭农场/星空茶室/孩子自然课堂，让每一寸空间滋生生活情趣。

数据说话：

> 以雅园127㎡户型为例，实得面积≈165㎡，远超同价位普通住宅，**省出1辆宝马5系！**

---

2. 生态升维：从“钢筋丛林”到“垂直绿洲”

- **普通住宅：**
  人均绿地不足3㎡，社区绿化沦为“草坪+灌木”的敷衍公式。
- **雅园第四代住宅：**
  政策兑现： 空中花园30%面积计入绿地率，社区综合绿地率达 **38%**，超国标2倍！
  立体呼吸： 楼栋间嵌入 **3000㎡下沉式生态广场**，搭配空中连廊绿植系统，PM2.5浓度低于市区30%。

DeepSeek 为贵州雅园生成的微信公众号推文

业主证言：

> “每天在露台修剪花草，下楼就能打太极，这才是退休该有的样子！”——雅园业主王阿姨

---

3. 圈层迭代：从“陌生邻居”到“精神同频”

- **普通住宅**：
  住户流动频繁，邻里关系止步于电梯点头之交。
- **雅园第四代住宅**：
  社群引力：私宴厅、保龄球馆、颐乐学院构建 **“5分钟兴趣社交圈”**，业主自发组建20+社团；
  圈层纯度：首批购房者中，教师、医生、企业主占比超60%， **孩子的玩伴、你的知己，下楼即遇** 。

场景直击：

> 周六傍晚，下沉广场正在上演业主露天音乐会，图书馆里书香弥漫，健身房内挥汗如雨……这里的生活从不冷场。

---

4. 资产逻辑：从“居住容器”到“增值引擎”

- **普通住宅**：
  同质化严重，二手房陷入价格内卷。
- **雅园第四代住宅**：
  政策背书：入选凯里首批高品质试点，享审批绿色通道， **资产稀缺性** 锁定；
  溢价保障：第四代住宅溢价率较普通住宅高15%~20%，且 **政府明确“试点项目优先享受城市配套倾斜”** 。

专家观点：

> “政策红利+产品稀缺性+高铁经济”三重Buff，雅园将成为凯里房产 **抗跌之王** 。——房地产分析师李XX

二、政策赋能+产品硬核，雅园如何兑现“未来社区”？

1. 政策绿色通道，买房更省心

- **审批加速**：试点项目享容积率核算、规划报建优先办理，雅园一期 **提前6个月交付** ；
- **交易保障**：政府全程监管资金流， **0烂尾风险** ，购房更安心。

2. 政企共建标杆，生活更优质

- 政府联合雅园编制 **《凯里第四代住宅标准》** ，项目配套的社区医院、学校获 **财政专项补贴** ；
- 业主食堂、智慧物业等纳入 **“凯里民生工程”** ，享长期运营支持。

三、抢占政策窗口期，行动指南

- **限时福利**：
  - 本月底前认购，享 **政府房票额外抵扣3% + 露台精装基金5万元** ；
  - 老业主推荐新客，双方各获 **2年物业费减免** 。

DeepSeek 为贵州雅园生成的微信公众号推文（续）

以 DeepSeek 为代表的 AI 工具标志着“提问即回答”时代的到来。DeepSeek 正在成为各个领域的次顶级专家，是你在每个领域的参事级顾问，房地产领域自然也不例外。

对于任何一个个体来说，有一项能力正在变得极为关键——提问能力。你的提问越精确，DeepSeek 的回答也会越精确；反之，对提问能力较弱的人来说，DeepSeek 的回答很可能就是一堆正确的废话。

网上有很多关于 DeepSeek 的指令公式，比如：我是 ×××（身份定位）+要为 ×××（服务对象）+解决 ×××（核心痛点）+满足 ×××（深层需求）。同时，有很多使用规则，如要多用短句等，赵笑律建议大家都可以去尝试。

使用 AI 工具的关键在于明确自身需求，不必过分拘泥于标准化的范式。即便表述稍显啰唆，或者更换关键词多次提问，只要能得到所需的答案，就是最佳的使用方式。

AI 不仅能为个人服务，还能更好地赋能团队。比如，旺小宝 AI 语音工牌、数字人分身、机器人客服等具有降本增效作用的 AI 工具，房地产从业者都应积极接纳并运用。

此外，还有一些专门为地产人打造的 AI 工具，如微信公众号“地产智库精选”的主理人甲方的保姆，通过腾讯元器搭建了一个地产垂直领域的“地产智库 AI 助手”（可在微信小程序直接搜索）。他将各类地产文案汇总并上传至数据库，目前累计投喂的文案资料达 14.4 亿字节，相当于 30 万份 A4 纸文档。经过 AI 分析后，用户只需要提出相关问题即可直接调用，如果提供相关数据和要求，AI 会基于数据库进行深入理解后给出合适的文案。

十年后替代我们的，或许是 AI。但明天替代我们的，是更会用 AI 的人。AI 工具不是要替代营销人，而是能成为营销人的“超级放大器”。

既然这个世界必将充满 AI，就让我们积极拥抱 AI 吧！